GUIDES MONDEOS
L'ESSENTIEL DU VOYAGE

Chypre

par Jean-François Pernin

Les Editions Comex

Symboles

Sites, monuments, musées

Nos coups de cœur

A ne pas manquer

Suivez le guide ! Idées de promenades et visites hors des sentiers battus

Distance entre l'aéroport et le centre-ville

Temps de trajet

TAXI Prix de la course en taxi

Hôtels

Très grand luxe

Grand luxe, très confortable

Bon confort

Simple et confortable

Restaurants

Très bonne table. Prix élevés

Bonne table. Prix abordables

Table simple. Bon marché

Titres de la collection :

Afrique du Sud, Allemagne, Alsace, Amsterdam, Andalousie, Angleterre et pays de Galles, Antilles françaises, Argentine, Australie, Autriche, Baléares, Barcelone, Belgique, Berlin/Munich/Bavière, Birmanie (Myanmar), Brésil, Budapest, Bulgarie, Cambodge/Laos, Canada, Canaries, Caraïbes, Chine, Chypre, Corse, Crète, Croatie, Cuba, Dubaï/Oman, Ecosse, Egypte, Espagne, Etats-Unis Est, Etats-Unis Ouest, Finlande/Laponie, Florence et Toscane, Floride/Louisiane/Texas et Bahamas, Grèce et les îles, Ile Maurice, Inde/Népal, Indonésie, Irlande, Islande, Israël, Istanbul, Italie du Nord, Italie du Sud, Kenya/Tanzanie/Zanzibar, La Réunion, Lisbonne, Londres, Madagascar, Madère et les Açores, Madrid, Malte, Maroc, Marrakech, Mexique et Guatemala, Moscou et Saint-Pétersbourg, New York, Norvège, Océan Indien, Paris, Pérou/Bolivie, Plongée en mer Rouge, Portugal, Prague, Provence-Alpes-Côte d'Azur, République dominicaine, Rome, Sardaigne, Sénégal, Seychelles, Sicile, Sri Lanka/Maldives, Syrie/Jordanie/ Liban, Tahiti et Polynésie française, Thaïlande, Tunisie, Turquie, Venise, Vienne, Vietnam...

Crédit photos : Patrick de Franqueville, Jean Malburet.
Cartographie : GEOgraphisme, Les Editions Comex.

88, boulevard de Charonne, 75020 Paris,
Tél. : 01 55 25 49 90 - Fax : 01 55 25 49 99
E-mail : mondeos@mondeos.com - Internet : www.mondeos.com

Dépôt légal : 2e trimestre 2004
ISBN : 2-84754-017-2 - ISSN : 1292-1602
Imprimé dans l'U.E. - N° 2376

Sommaire

Kalimera !

(Bonjour !)

Chypre, l'« île au large », chantée par Homère dans son hymne à Aphrodite, est plus qu'une carte postale illustrée par la mer, la plage et le soleil, qui brille ici plus de trois cents jours par an. C'est d'abord une vieille terre qui déroule, sous les pieds du visiteur, neuf mille ans de civilisation. De Pafos à Larnaka, de Lemesos à Lefkosia, de la presqu'île d'Akamas aux monts du Troodos, une palette de couleurs chatoyantes et de pierres patinées par le soleil accueille ceux qui découvrent icônes, fresques, mosaïques, ruines et souvenirs français.

Terre de passion, Chypre est au carrefour de l'Occident et de l'Orient. Ce fut son bonheur, mais aussi son malheur. Une vaste épopée. Avec leurs armées, tous les grands conquérants de l'histoire européenne et méditerranéenne ont fait escale dans ses ports. Ici est née Aphrodite. Ici a gouverné Cicéron. Ici a prêché, pour la première fois en terre étrangère, Saul de Tarse, plus connu sous le nom de saint Paul. Ici, Richard Cœur de Lion épousa Bérengère de Navarre. Ici a vécu le poète Arthur Rimbaud. Depuis août 1974, l'invasion de l'armée turque a coupé l'île en deux. Mais les Chypriotes ont reconstruit leur pays et ont fait du sud de l'île un paradis pour les visiteurs, amateurs d'histoire et de vieilles pierres. Ile méconnue, Chypre, garde jalousement sa passion hellène et ses trésors. Et l'on aura tout intérêt à répondre à l'invitation des Chypriotes, notamment dans les villages de montagne, toujours friands de palabrer et de montrer que, dans leur île, l'accueil, sous le chant des rossignols, n'est pas un vain mot. Et la mer est si bleue...

Partir

Avant de partir

La saison idéale pour voyager

L'été est très chaud et l'hiver, l'île est un peu engourdie. C'est donc au **printemps et à l'automne** que Chypre est la plus accueillante. La mer est très agréable et Chypre, fidèle à son surnom d'« île odorante », se couvre de fleurs. L'été, les visiteurs, très nombreux, envahissent les plages, et la chaleur est particulièrement pesante. Pour trouver un peu de fraîcheur, il faut gagner les monts du Troodos.

➤ Tableau des températures moyennes

Mois	Temp. diurne (maxi. en °C)	Temp. de la mer (en °C)	Jours de pluie
Janvier	16	17	9
Février	17	17	7
Mars	18	18	5
Avril	22	20	3
Mai	26	21	3
Juin	30	24	1
Juillet	32	26	1
Août	33	27	1
Septembre	31	26	1
Octobre	27	24	3
Novembre	22	21	4
Décembre	18	19	8

Boucler sa valise

Les hivers sont exceptionnellement doux et l'été se prolonge jusqu'au mois d'octobre. La température moyenne diurne dans les régions côtières atteint les 30 °C de juin à septembre. Janvier est le mois le plus froid avec une température moyenne de 16 °C dans les régions côtières. La température de la mer atteint 20 °C dès le mois d'avril et reste au-dessus de 20 °C jusqu'à fin novembre. **Des vêtements légers** sont conseillés de la fin avril à la fin octobre, mais il faut prévoir **des vêtements plus chauds** en cas d'excursion en montagne. Si l'on voyage de novembre à mars, prendre également des vêtements plus chauds car les sommets du Troodos sont souvent couverts de neige. La visite des églises et des monastères exige des tenues correctes. Pour les hommes, pantalon et chemise, pour les femmes, un vêtement cachant les genoux et le haut du buste. Pour les randonnées dans le Troodos, de bonnes chaussures sont à emporter.

Santé

Il n'y a aucune indication particulière, si ce n'est qu'il faut prévoir d'excellentes crèmes solaires car les brûlures peuvent être graves. Il existe de nombreuses pharmacies, très bien pourvues, et qui sont des mines de renseignements pour le visiteur malade. Tous les médecins ont été formés à l'étranger et parlent donc une seconde langue. Pour traiter les symptômes de diarrhées aiguës, prévoir un antidiarrhéique qui permettra, en complément d'un régime réhydratant, d'éliminer rapidement la gêne occasionnée. Pour apaiser piqûres d'orties ou d'insectes et coups de soleil, appliquer une crème appropriée, qui viendra à bout des démangeaisons gênantes. Enfin, contre le mal des transports (bateau, voiture, autocar et avion), mieux vaut anticiper et prendre avec soi un médicament antinauséeux et antivomissement.

Devise et budget vacances

L'unité monétaire est la livre chypriote qui correspond à 1,75 €. La vie quotidienne n'est pas chère. On peut très bien déjeuner ou dîner dans une taverne à partir de 6 £ (10,44 €). Attention, les prix des tavernes le long du front de mer à Larnaka, à Lemesos ou à Pafos sont plus onéreux, notamment l'été. Pour une chambre double dans un hôtel trois étoiles, compter au minimum 40 £ (69,6 €) et 25 £ (43,50 €) pour un deux étoiles. Le prix à la journée d'une voiture de location varie entre 21,03 £ et 25,28 £ (36,6 €/44 €).

Choisir son voyage

A 4 h de vol de Paris, Chypre peut, et sait, accueillir le visiteur pour un séjour d'une durée qui peut varier entre un long week-end et trois semaines de vacances. Avec ses plages, ses musées, ses églises et une excellente infrastructure hôtelière, l'île possède de solides atouts pour satisfaire ses visiteurs. Mais Chypre, pour être vraiment découverte, demande du temps et de la curiosité. **Plusieurs escapades** peuvent donc être envisagées.

› Un week-end prolongé

C'est l'idéal pour découvrir Lefkosia, capitale méconnue qui possède de bien beaux atouts culturels. A voir : **le Musée archéologique,** qui vaut celui d'Athènes, **le musée des Icônes,** à couper le souffle, avec, juste

à côté la cathédrale Saint-Jean, et la maison de la fondation Leventis qui raconte l'histoire de Lefkosia. **Toute la vie chypriote est là avec ses vestiges français et vénitiens, ses souvenirs de l'occupation turque et ses édifices byzantins.** Avant le déjeuner, une balade près des remparts vénitiens qui ceinturent la vieille ville permet de découvrir, à la limite des quartiers anciens et de la cité moderne, l'activité dynamique de la capitale de l'île. Et pour s'immerger dans l'ambiance de la ville, rien ne vaut un déjeuner en terrasse dans une taverne de la vieille ville, à l'ombre de l'ancienne mosquée Omériyé.

avec ses plages, ses vestiges anciens, et **la presqu'île d'Akamas,** riche de nombreux trésors naturels. On pourra rêver, en découvrant cette presqu'île sauvage parcourue par des sentiers de randonnée, en s'arrêtant aux bains d'Aphrodite : la nature à l'état pur. C'est à Pafos même que les plus belles mosaïques de la Méditerranée orientale ont été trouvées et restaurées, dans **la maison de Dionysos, la maison de Thésée et la maison de l'Eternité.** Trois demeures romaines au bord de la mer. Et pour se reposer la vue et les jambes, une halte à la plage Coral Bay entre Pafos et la presqu'île d'Akamas sera largement méritée.

➤ Une semaine

Après bien sûr la visite de Lefkosia, faire une escapade au **monastère de Machairas** à 41 km au sud-ouest de la ville. Prendre la direction de Strovolos, quartier où se trouve la résidence du président de la République, puis traverser les riches villages agricoles, le domaine des abricotiers, de **Deftera** et de **Pera,** et, après un crochet au **beau village de Fikardou,** on arrive au monastère, niché dans une forêt de pins et de cyprès. Belles icônes et manuscrits anciens attendent le visiteur. La vue est superbe sur **la plaine de la Mésorée** dont Lefkosia est le cœur. A l'extrême ouest de l'île, il faut découvrir la région de Pafos. Là est la véritable Chypre

➤ Trois semaines

Le temps de tout voir : plages, monastères, églises, musées et villages. De Pafos à Agia Napa et de Lemesos au Troodos avec une étape à Lefkosia. Des sites hors du temps comme Petra tou Romiou, **berceau d'Aphrodite,** ou les tombeaux de rois près de Pafos. Chypre n'a pas oublié que, dans l'Antiquité, elle était une île de désir, où la déesse de l'Amour attirait de nombreux pèlerins. Voir Chypre en trois semaines, c'est naturellement possible. Mais connaître l'île demande plusieurs séjours.
A condition bien sûr **de s'immerger dans l'hellénisme omniprésent** et au sein de sa population. Un autre visage de l'île à découvrir.

Documentation

(Librairies de voyage à Paris et en province)

➤ A Paris

Desmos,
14, rue Vandamme, 75014 Paris, tél. : 01 43 35 53 80.
Le rendez-vous de tous les hellénistes !

Ulysse,
26, rue Saint-Louis-en-l'Ile, 75004 Paris, tél. : 01 43 25 17 35.
Depuis des années, les amateurs de voyages connaissent cette petite librairie qui regorge de guides et de livres touristiques. Son nom est déjà un appel à la découverte du vaste monde.

Itinéraires,
6, rue Saint-Honoré, 75001 Paris, tél. : 01 42 36 12 63.
Pour sortir des chemins battus.

➤ En province

Magellan,
3, rue d'Italie, 06000 Nice, tél. : 04 93 82 31 81.

Mollat,
15, rue Vital-Carles, 33000 Bordeaux, tél. : 05 56 56 40 00.

Ombres blanches,
48, rue Gambetta, 31000 Toulouse, tél. : 05 34 45 53 38.

Chypre à Paris

Musée du Louvre,
33-36, quai du Louvre, 75001 Paris, tél. : 01 40 20 51 51.
Le Louvre possède une salle entière consacrée aux antiquités chypriotes. A voir, notamment, une énorme vasque en provenance d'Amathonte, ancienne cité-royaume, aujourd'hui Lemesos.

➤ Restaurants

Les tavernes et restaurants grecs et byzantins qui se bousculent au bas du boulevard Saint-Michel et rue Mouffetard offrent une cuisine sans saveur. Il existe cependant, à Paris, un haut lieu de cette cuisine de la Méditerranée.

Mavrommatis,
42, rue Daubenton, 75005 Paris, tél. : 01 43 31 17 17, fermé le lundi.
Voici le meilleur restaurant grec de Paris. A force de travail, de goût et de savoir-faire, deux frères, Andreas et Evagoras Mavrommatis, venus de Chypre, de la région d'Agros précisément, ont fait de leur restaurant un haut lieu de la gastronomie du pays d'Homère. Au-delà de la cuisine, et c'est le principal, les frères Mavrommatis ont le culte de l'amitié. C'est tout l'accueil et le savoir-vivre chypriotes.

Les délices d'Aphrodite,
4, rue Condoble, 75005 Paris, tél. : 01 43 31 40 39.
Taverne animée par le troisième frère Mavrommatis, Dionysos. Simple et décontracté. Une cuisine aussi bonne que chez les précédents.

Chypre en province

Centre de la Vieille-Charité,
2, rue de la Charité, 13001 Marseille, tél. : 04 91 56 28 38.
Le musée d'Archéologie méditerranéenne possède une collection d'objets chypriotes remarquable. Notamment de très belles poteries.

Le b.a.-ba de l'ABC

Achats et artisanat

On trouve à Chypre ce qu'on trouve partout autour de la Méditerranée, orientale comme occidentale. Bien souvent fabriqués à l'étranger, ces produits n'ont que peu d'intérêt. Plus sérieusement, le village de Lefkara, dans la région de Larnaka, offre aux visiteurs tout ce dont ils rêvent dans le domaine de **la dentelle.** Les magasins proposent également des bijoux en or ou en argent dans ce village dont on dit qu'il fut fréquenté par Léonard de Vinci. Les amateurs de **poterie** visiteront avec intérêt les villages de Foini dans le Troodos et de Kormos près de Lemesos. Lefkosia possède de nombreux magasins, notamment rue Ledra, l'artère principale de la ville où l'on vend à des prix très intéressants des objets en cuir, des vêtements et des chaussures. Le rapport qualité/prix est ici particulièrement appréciable. Les **tissages en laine,** couvertures et rideaux ainsi que **les articles en cuivre et en vannerie** sont des petits achats réservés à toutes les bourses.

Les icônes anciennes, comme les antiquités, sont interdites à l'exportation.

Les broderies de Chypre ont fait le tour du monde.

Arrivée et départ

Les aéroports ne sont pas très éloignés de leur centre-ville : 6 km pour Larnaka, 10 km pour Pafos. Ces aéroports sont bien desservis par des **lignes de bus** ou des taxis. Le matin, tôt, l'arrivée à l'aéroport de Larnaka est délicieuse. La route longe le lac salé où se reposent en hiver des flamants roses.

Change

La livre chypriote existe en coupures de 50, 20, 10, 5 et 1. Les pièces sont de 50 cents, 20, 10 et 5. On peut facilement changer de l'argent dans les banques, les bureaux de change, ouverts à tous les coins de rues, et dans certaines agences de voyage. Des distributeurs automatiques fonctionnent 24 h/24. Inutile de changer des devises chypriotes avant de partir. Il faudra aussi changer l'argent chypriote qui vous restera avant votre départ de Chypre.

Cartes

Avant de partir en vacances, pensez à acheter une carte détaillée qui vous sera très utile durant votre voyage. Les cartes que vous trouverez sur place sont rarement en français et pas toujours très précises. **Blay-Foldex** propose plus de 100 cartes routières et touristiques, pour toutes les destinations en France et dans le monde. Vous pouvez acheter les cartes **Blay-Foldex** dans les principales librairies.

Costume

Les Chypriotes s'habillent à l'européenne. Il n'existe strictement aucune différence entre un Parisien et un habitant de Lefkosia. Dans les villages, les personnes âgées, notamment les femmes, respectent la vieille tradition méditerranéenne et s'habillent en noir.

Cuisine et boissons

A éviter, la cuisine internationale. Choisir les tavernes. C'est simple et bon. Les plats abondent sur la table, **le Liban et ses mezzes ne sont pas loin.** Le repas est accompagné de la bière du pays, de vins locaux que l'on produit dans les petits et grands domaines viticoles de l'arrière-pays, ou du **brandy chypriote que l'on boit en dégustant des olives,** des calamars, des seiches et l'inévitable salade avec son fromage de chèvre. Parmi les spécialités de l'île, **l'halloumi, un fromage de brebis blanc et ferme que l'on déguste grillé ou cru,** les dolmades, feuilles de vignes farcies, ou bien l'oumos, une purée de pois chiches. Ne pas oublier de déguster les *kolokasis*, ces pommes de terre douces particulièrement appréciées dans toute l'île. L'ouzo, bien sûr, reste l'apéritif favori, la marque locale est le Zouki, mais il faut également découvrir l'eau-de-vie chypriote : **la zivania.** Les vins rouges, blancs et rosés sont très corrects et mériteraient d'être plus connus.

Danse

A Chypre, comme ailleurs, et surtout dans les stations estivales, on danse sur des musiques à la mode. Mais les danses traditionnelles sont toujours bien vivantes. Une façon de se relier à ses racines et de faire savoir que l'on est né grec. **La musique folklorique de l'île trouve son origine à l'époque byzantine et s'inscrit dans la continuité de la tradition musicale antique.** Alors, on se balance au rythme lent du **« systos »** ou plus endiablé de la **« sousta ».**

A la viande ou aux poissons, le mezze figure en bonne place sur la table chypriote.

Ecriture

Le grec est, bien sûr, partout. Mais les panneaux routiers possèdent aussi leurs caractères latins, par exemple Lemêssos pour Lemesos. On trouve, très souvent, la traduction en anglais.

Eglise

Il faut visiter les églises en dehors des offices. Les femmes, même habillées comme le souhaitent les religieux, ne sont pas admises dans tous les monastères. Les églises byzantines sont souvent recouvertes de fresques. Elles servaient autrefois de simples **bibles imagées** à l'intention du peuple pauvre qui ne maîtrisait pas la lecture.

Electricité

Le courant électrique est de 220/240 volts, mais tous les hôtels proposent des adaptateurs en cas de besoin.

L'icône est une œuvre religieuse avant d'être une œuvre artistique.

Hébergement

On trouve à Chypre des hôtels de toutes les catégories et pour toutes les bourses, du plus simple au plus luxueux. **L'île possède, près de Polis, le palace le plus huppé de toute la Méditerranée orientale.** Si la mer attire, tel un aimant, de nombreux vacanciers, beaucoup d'autres ont découvert qu'un séjour au bord de l'eau peut agréablement se compléter de délicieux moments à la montagne, dont le climat sec et sain est particulièrement vivifiant. La plupart des gros villages du Troodos sont équipés d'hôtels qui peuvent rivaliser avec ceux des stations balnéaires pour le confort et les commodités qu'ils offrent à l'estivant : piscine, cours de tennis, équitation accompagnent une bonne restauration. Il existe également des terrains de camping près de Lemesos, Larnaka et Polis. Enfin, vient de se créer dans l'île tout un réseau de **gîtes ruraux** particulièrement bien aménagés dans des maisons anciennes restaurées. Ils sont équipés de meubles traditionnels et offrent souvent jardin et cour intérieure, balcon et terrasse. Ces gîtes se trouvent notamment dans les villages des régions de Pafos, Larnaka, Lemesos et Lefkosia ; un point de départ intéressant pour les randonnées à pied, en vélo ou à cheval dans l'île et plus particulièrement dans le Troodos. Ils permettent également une bonne intégration dans la vie authentique chypriote.

Heure locale

Il faut **ajouter une heure** par rapport à Paris, Bruxelles, Francfort et Stockholm.

Horaires d'ouverture

Les banques sont ouvertes au public du lundi au samedi de 8 h 30 à 12 h 30. Les magasins ouvrent, d'avril à octobre, de 8 h à 19 h et, de novembre à mars, de 8 h à 18 h. De juin au 14 septembre de 8 h à 13 h et de 16 h à 19 h. Les magasins sont fermés le dimanche et les mercredi et samedi après-midi.

Icônes

Elles sont partout **présentes.** Dans les églises et les monastères, bien sûr. Mais aussi dans beaucoup de magasins, de tavernes et de réception d'hôtels. Elles sont alors plus petites et discrètes. Œuvre religieuse et non artistique, l'icône fait partie de la vie quotidienne des Chypriotes. Elle est étrangère à la culture religieuse occidentale et est donc, parfois, difficile à comprendre. Il est nécessaire de se documenter pour apprécier à leur juste valeur ces peintures sur bois, témoins de la vie spirituelle de l'orthodoxie.

Informations touristiques

Toutes les villes et certains gros villages possèdent un bureau d'office de tourisme toujours bien documenté. Toutes ces informations sont données soit en grec, soit en anglais, soit en français. Ne pas hésiter à parler avec les employées responsables de ces bureaux, elles sont aimables et toujours prêtes à rendre service.

Jours fériés

Les 1er janvier, 1er mai, 15 août et le 25 décembre sont évidemment fériés, mais il en existe d'autres :

- **6 janvier :** Epiphanie.
- **25 mars :** fête de l'Indépendance grecque.
- **1er avril :** fête de la Résistance.
- **1er octobre :** fête de l'Indépendance chypriote.
- **28 octobre :** fête nationale grecque.
- **26 décembre :** lendemain de Noël.

Sont aussi fériées les fêtes mobiles suivantes : 1er jour de carême, vendredi saint, samedi saint et lundi de Pâques. Attention : les dates du carême et des Pâques orthodoxes ne correspondent pas aux calendriers catholique et protestant.

Langue

La langue officielle est le grec, mais aussi le turc à la suite des traités accordant l'indépendance en 1960 à Chypre. En fait, les Chypriotes parlent un grec ancien dont on dit que c'est la langue d'Homère. La seconde langue, que tout le monde parle, est l'anglais.

Médias

On lit beaucoup de journaux, on écoute la radio, et la télévision fait un malheur. On compte deux chaînes d'Etat, et de nombreux hôtels reçoivent TV5 par satellite. Parmi les journaux les plus lus, on trouve le *Fileleftheros*, la *Simerini* et le *Cyprus Weekly.* On trouve naturellement tous les quotidiens étrangers et, sans retard, la presse anglaise.

Naturisme

C'est surtout l'affaire des visiteurs suédois et allemands qui bronzent sur les plages. Près de Pissouri, entre Lemesos et Pafos, et de Polis à Latchi précisément, existent des plages fréquentées par les naturistes. Gens de tradition, les Chypriotes voient d'un mauvais œil cette coutume venue d'ailleurs. Le monokini est toléré.

Photos/films

Tout ce qui est nécessaire au photographe est en vente à Chypre. Il n'existe aucune difficulté pour trouver films et pellicules. Comme pour les bijoux, il vaut mieux s'adresser à des magasins spécialisés. Attention : **il est interdit de photographier les œuvres d'art dans les musées ou dans les églises.**

Poste et communications

Le réseau de téléphonie est entièrement automatisé et relié avec 206 pays. Des télécartes sont en vente dans les bureaux de poste, les magasins de souvenirs et dans les kiosques ouverts sur la voie publique. Les indicatifs sont les suivants : pour téléphoner à Chypre, faire précéder le numéro demandé par 00357 et pour la France 0033. A Chypre même, il faut faire précéder le numéro demandé par 22, région de Lefkosia, 23, région d'Agia Napa, 24, région de Larnaka, 25, région de Lemesos, 26, région de Pafos. Le courrier n'est pas très rapide. En gros, il faut compter une semaine pour qu'une lettre arrive de Chypre en France. Il est possible de trouver dans les grandes villes ainsi que dans les hôtels des bornes Internet permettant de consulter ses e-mails.

Site du gouvernement :
www.pio.gou.cy
Centre du Tourisme :
www.cyprustourism.org

Les cabines téléphoniques rappellent la colonisation anglaise.

Pourboires

Cette pratique concerne surtout les bars et les restaurants des villes, habitués à une clientèle fréquente d'étrangers. Dans les cafés de village, on est entre amis et on n'a que faire du pourboire. En revanche, il est conseillé de glisser une pièce à celui qui ouvre la porte de l'église ou de la chapelle.

Protection de la nature

Depuis longtemps, Chypre se préoccupe de protéger ses forêts, sa faune et ses plages. Une politique de **protection des tortues** a été lancée à Lara près de Pafos. Des informations sont régulièrement données pour éviter les feux de forêt. A noter que, depuis 1951, le collège forestier de Chypre propose un cycle d'études sur trois ans qui vise notamment à apprendre la gestion et la protection de la forêt et l'écologie forestière. Enfin, il faut savoir que les plages sont nettoyées régulièrement.

Sécurité

On vit **tranquillement** à Chypre et le gouvernement veille à ce que l'île reste une destination sûre. Il faut simplement bien vérifier son addition après un repas. Car, comme partout, il y a des restaurateurs peu regardants sur les chiffres. Redoubler de vigilance en période estivale, notamment dans les lieux les plus touristiques.

Sports

Tout au long de l'année, Chypre offre toutes sortes de **sports nautiques.** La clarté de l'eau de mer invite à pratiquer la natation, la voile, la planche, la plongée et le ski nautique. Dans le cas où l'hôtel n'offrirait pas un de ces sports, il vous facilite l'accès au club où se pratique l'activité recherchée.
On pratique également **la randonnée** dans l'île. De nombreux sentiers, tracés et répertoriés par l'office de tourisme, conduisent à travers les forêts de sapins et les vignes de la chaîne du Troodos. La vallée des Cèdres est, notamment, un des circuits les plus recherchés. Il existe aussi de nombreuses autres randonnées dans la presqu'île d'Akamas, près de Polis, au cap Greco près d'Agia Napa, et dans la région de Pafos avec les gorges d'Awgas (pour les plus sportifs). **Le VTT** permet également de découvrir le Troodos et la presqu'île d'Akamas. La location de vélos est possible dans tous les sites touristiques. Les amateurs trouveront toutes les informations qu'ils désirent aux bureaux de l'office de tourisme mais aussi à la *Cyprus Cycling Federation Biziinos st. Lefkosia, tél. : 2 659056.*
Les joueurs de golf peuvent s'adonner à leurs plaisirs sur les deux terrains que possède l'île à Tsada, au nord de Pafos, et à Secret Valley, à l'est de cette ville. D'autres golfs sont en projet ou en construction, notamment à Petra tou Romiou. Informations : *Cyprus Golf Resorts, P.O. Box 2085, 8062 Pafos. Tél. : 2 642774.*

Transports intérieurs

› En voiture

La voiture est indispensable pour visiter l'île. Il existe de nombreuses compagnies de location, y compris **les grandes compagnies internationales.** On trouve ces compagnies dans toutes les grandes villes et aux aéroports de Larnaka et de Pafos. Les prix sont raisonnables et les forfaits journaliers ou hebdomadaires sont « kilométrage illimité ». Les stations d'essence situées dans les régions côtières et dans les villes sont équipées de pompes automatiques acceptant les billets de banque et ouvertes 24 h/24. Les dimanches et jours fériés, les stations de l'arrière-pays peuvent être fermées. On conduit à gauche. **La vitesse est limitée** à 50 km/h en ville, 80 km/h en campagne et 100 km/h sur l'autoroute, qui a aussi sa vitesse minimum, 65 km/h. Attention, la vitesse est aussi limitée à 50 km quand on traverse les bases anglaises de Dhekélia, près de Larnaka, et Episkopi, près de Lemesos.

› En taxi

Le moyen le plus rapide et le plus économique pour se déplacer à Chypre est le taxi collectif. De plus, on est déposé à l'endroit voulu dans la ville où l'on se rend. Les taxis, qui assurent la liaison entre Lefkosia, Lemesos, Larnaka et Pafos, sont très populaires. Ce mode de transport permet de faire vite **connaissance.** A essayer au moins une fois !

› En car

Des autocars relient les principales villes. Les offices de tourisme disposent des horaires de ces cars qui participent également à des excursions touristiques. Pour Lefkosia-Lemesos, compter environ 5,50 €.

Les autobus ne sont pas forcément élégants, mais toujours pratiques !

› En bateau

Des mini-croisières vers des pays voisins, Israël, Egypte, les îles grecques, sont proposées toute l'année au départ de Lemesos. La location de bateaux de plaisance, avec ou sans équipage, est possible à Lemesos et à Larnaka.

Usages et politesse

Les Chypriotes aiment parler avec les étrangers. Ils ont un grand **sens de l'accueil,** et l'hospitalité n'est pas un vain mot dans l'île. Ils aiment revoir ceux avec qui ils ont partagé quelques moments. Bien que passionnés par la politique, les Chypriotes évoqueront rarement ces questions hors du café ou des rencontres entre amis. Il faut, naturellement, respecter les horaires de la vie quotidienne : déjeuner 13 h, dîner entre 20 h 30 et 22 h. La sieste est la bienvenue. Et, comme en France, on n'aime pas être dérangé pendant les heures de repos. **Il ne faut jamais présenter la paume de sa main levée à un Chypriote grec.** Ce geste signifie « va au diable » et est très insultant. On dit oui en hochant la tête lentement vers le bas et non en la rejetant vivement en arrière. Une autre forme du non, plus subtile, consiste à hausser les sourcils.

Combien ça coûte ?

(prix indicatifs)

Une entrée dans un musée	1,00 £/ 1,75 €
Un repas dans une taverne	6,13 £/ 10,7 €
Un café au village	0,21 £/ 0,4 €
Un verre d'ouzo	0,23 £/ 0,4 €
Une bouteille d'ouzo	1,06 £/ 2 €
Une carte téléphonique	3,01 £/ 5,25 €
Un litre d'essence	moins de 0,35 £/ 0,6 €

Une île, une histoire, des hommes

Géographie, faune et flore

Troisième île de la Méditerranée après la Sicile et la Sardaigne, Chypre occupe une position géographique particulière, à la pointe nord-ouest du bassin méditerranéen. A 25 min de Beyrouth, 45 min de Tel Aviv, une heure de Damas et une heure quarante d'Athènes, l'île est un véritable carrefour entre l'Europe, l'Asie et l'Afrique. **Chypre possède 700 km de côtes protégées par des caps rocheux adoucis par des baies profondes.** Tout le long de la côte, de longues plages de sable succèdent aux criques discrètes.

➤ Entre mer et montagne

Chypre, c'est un massif montagneux, le Troodos (2 000 m), véritable château d'eau, et une plaine fertile, la Mésorée, où est bâtie Lefkosia, la capitale de l'île. Si le soleil brille 340 jours par an, avec une très forte chaleur de juin à septembre, il neige sur le Troodos au-dessus de 1 000 m dès les premiers jours de décembre. **On peut donc à Chypre, dans une même journée, skier et pratiquer la voile ou le ski nautique.**

Carte d'identité de Chypre

Nom	Chypre
Capitale	Lefkosia
Superficie	9 251 km^2 240 km de longueur et jusqu'à 95 km de large
Population	760 000 habitants
Densité	77,8 habitants au km^2
Nature du régime	Régime présidentiel
Chef de l'Etat	Glafcos Cléridès
Langue officielle	Grec moderne
Religion	Orthodoxe
Monnaie	Livre chypriote
Ressources principales	Tourisme, services, agriculture, industrie
PIB	15 000 € par habitant

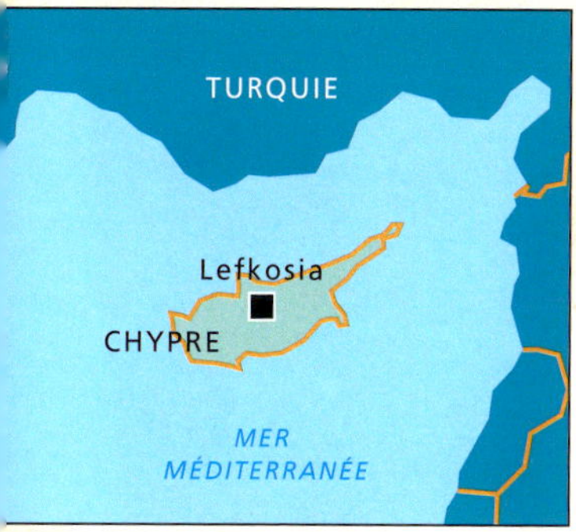

◆ Flore

C'est au printemps que la flore de l'île déploie ses plus beaux atours. Chypre offre à ses visiteurs un tapis de **coquelicots, d'asphodèles, d'iris, d'orchidées, de cyclamens, d'anémones et de cistes.** Les Grecs, dans l'Antiquité, appelaient Chypre l'« île odorante ». Les plaines sont le royaume de l'olivier, du figuier, du palmier, de l'eucalyptus et du caroubier. Ce dernier est partout, et le fruit de cet arbre feuillu, la caroube, est utilisé pour nourrir les animaux. C'est à Chypre que l'on trouve les plus grandes forêts de la Méditerranée orientale. Déjà, dans l'Antiquité, le bois chypriote était utilisé par les Phéniciens, les Perses et les Egyptiens pour construire leurs navires. **Pins d'Alep, cyprès, genévriers, aulnes, chênes dorés,** propres à l'île, peuplent les forêts qui s'étendent principalement sur les pentes du Troodos. Enfin, le cèdre, espèce protégée, se dresse par milliers dans la forêt de Pafos. **L'île est le dernier endroit au monde recelant d'aussi vastes étendues de cèdres.**

◆ Faune

Du fait de sa position géographique, Chypre est une terre d'accueil pour les oiseaux migrateurs. C'est l'aire de repos, selon les saisons, des tourterelles, **petits ducs, engoulevents, martinets et flamants roses.** L'île est aussi le domaine d'oiseaux sédentaires comme les aigles royaux, les vautours fauves, les mésanges noires (propres à l'île) et les faucons d'Eléonore. **La faune de l'île s'enorgueillit de posséder un gros animal unique au monde : le mouflon de Chypre.** Une espèce caprine menacée de disparition à cause de la chasse mais aujourd'hui protégée. Cet animal sauvage, aux cornes puissantes, rapide et difficile à voir vit dans la montagne. Contrairement aux autres îles et pays méditerranéens, les côtes chypriotes ne sont pas très poissonneuses car les eaux ne sont pas profondes. Partant des ports de pêche de Pafos et de Larnaka, on peut, notamment, pêcher **des rougets, des loups et des espadons.**

Des forêts à protéger

A une altitude de plus de 1 200 m, on remarque que l'arbre principal est le pin noir qui s'étale sur une superficie d'environ 4 700 hectares. Plus bas domine le pin d'Alep, qui descend jusqu'au littoral. Dans les endroits plus élevés, on découvre des espaces dénudés et dégradés où la végétation est très maigre. Autrefois, toute la région était couverte de forêts épaisses, mais différents facteurs, l'homme principalement par les incendies et l'abattage irraisonné des arbres, ont contribué à leur disparition. Le Service des forêts de Chypre essaie, par tous les moyens, de reboiser la montagne.

Les clés du passé

Chypre, du fait de sa position géographique stratégique, a connu, au cours des siècles, tous les conquérants qui s'illustrèrent dans l'histoire du bassin méditerranéen : Grecs, Assyriens, Perses, Phéniciens, Romains, Byzantins, Français, Vénitiens, Turcs, Anglais..., pour, enfin, être indépendante en 1960. Une balade dans le temps qui s'étale sur près de sept mille ans de civilisation.

Les premières traces d'habitation (8000-3900 av. J.-C.)

Les premières traces d'habitation dans l'île se trouvent à proximité de l'autoroute Nicosie (Lefkosia)-Limassol (Lemesos), sur le site de Khirokitia et Kulavarros-Tenta. **Les hommes du néolithique, 8 000 ans av. J.-C., y construisirent des huttes rondes :** les tholos, sous le sol desquelles ils enterraient leurs morts. Ils ne fabriquaient et n'utilisaient que des récipients en pierre. Les premières poteries n'apparaîtront que 5 000 ans av. J.-C.

L'arrivée des Achéens (3900-1050 av. J.-C.)

Vers 3900-2500 av. J.-C., le cuivre commence à être exploité. Ce métal va changer la vie des Chypriotes de l'époque. Non seulement pour la fabrication des armes et des outils, mais aussi par le commerce que l'île établit avec le Proche-Orient et la mer Egée. Ce commerce est principalement développé, vers 1300 av. J.-C., par les Mycéniens qui installent

Ici vécurent les « premiers Chypriotes », sur le site de Lempa.

des comptoirs sur la côte. Aux Mycéniens succéderont les Achéens, nom donné par Homère aux Grecs, qui apporteront avec eux leur langue, leur religion et leurs coutumes. L'hellénisation de l'île ne cessera plus.

Les cités-royaumes (1050-58 av. J.-C.)

Ces Achéens fondèrent plusieurs cités qui devinrent les cités-royaumes de l'île. Elles étaient au nombre de dix et se partageaient Chypre. Toutes ces cités, grâce aux Phéniciens, entretenaient des relations commerciales suivies avec les pays riverains du bassin méditerranéen. Salamine, Amathonte (aujourd'hui Lemesos), Kourion, Marion (Polis), Paphos (Pafos), Kition (Larnaka), Tamassos (Politiko) et Idalion (Dali) sont parmi les cités-royaumes qui ont le plus marqué l'histoire de l'île. Au VIIe siècle av. J.-C., Chypre connaît une ère de prospérité. **Sa richesse attire les convoitises, et différents conquérants se pressent sur ses côtes.** Les cités-royaumes, jalouses les unes des autres, tentent, chacune de leur côté, de préserver leur indépendance, mais tombent sous la domination successive de l'Assyrie, de l'Egypte et de la Perse. Evagoras, roi de Salamine, tente au nom de l'hellénisme une ultime révolte en voulant unifier l'île. Mais abandonné par Athènes et trahi par les autres cités-royaumes, il se rend en 374 et conclut la paix avec les Perses qui deviennent maîtres de Chypre. En 333 av. J.-C., Alexandre le Grand défait Darius, roi des Perses, et intègre Chypre à son royaume. A la mort d'Alexandre, ses généraux se disputent sa succession. En 325, l'île est rattachée aux possessions du général Ptolémée, devenu roi d'Egypte, qui demeure à Alexandrie. Les cités-royaumes sont toutes soumises par les troupes de Ptolémée. Elles sortent de l'histoire. Pafos devient capitale de Chypre.

Evagoras Ier

Au nom de l'hellénisme, Evagoras Ier, roi de Salamine, voulut au IVe siècle av. J.-C. unir les cités-royaumes de Chypre contre l'invasion perse. Il réussit à s'emparer d'une partie de l'île pour concrétiser son projet. Mais trahi et abandonné, il échoua. Cette figure de légende de la cause grecque domine l'Antiquité chypriote. Un historien a écrit à son propos : « Le roi Evagoras s'est montré le plus grand souverain de toutes les cités-royaumes. Il encouragea le commerce, les lettres et les arts. Il créa une flotte et, grâce à sa bonne administration, persuada de nombreux Athéniens de venir s'installer à Salamine. » Evagoras est toujours présent dans le cœur des Chypriotes parce qu'il demeure un symbole de la lutte contre l'envahisseur et un « champion » de l'hellénisme. Son combat solitaire contre les Perses, alors qu'Athènes la « mère patrie » n'ose pas le soutenir jusqu'au bout dans sa négociation avec l'ennemi, demeure, aujourd'hui encore, un souvenir mélancolique de l'histoire de l'île.

Les Romains (58 av. J.-C.- 330 apr. J.-C.)

En 58 av. J.-C., les légions romaines, parties à la conquête du bassin méditerranéen, s'arrêtent à Chypre.

Les origines du nom

L'île apparaît pour la première fois dans les livres bibliques sous le nom de Kittim. Mais la Bible évoque parfois les « Kittims », ce qui peut signifier que sous ce nom se cachent plusieurs îles du bassin méditerranéen. Dans l'Antiquité, Chypre s'est appelée « Keratia », « Makaria » et « Ofiousa ». Elle était « Elischah » pour les Babyloniens et « Alashia » pour les Syriens. Il apparaît, cependant, que c'est Homère qui, dans l'*Iliade*, baptisa l'île du nom de « Kypros » et donna le nom de « Kypris » à Aphrodite, née selon lui à Chypre. Mais ne faut-il pas chercher l'étymologie de Chypre dans le mot cuivre, qui a fait la richesse de l'île ? Ou est-ce le mot « Kypros » qui a donné cuivre ? Le mystère reste entier.

La guerre entre l'Egypte et Rome fait rage et, après la défaite d'Antoine et de Cléopâtre à Actium, l'île est annexée à l'Empire romain. D'abord rattachée à la Syrie, Rome décidera, peu de temps après, d'en faire une province de l'empire gouvernée par un proconsul. Cicéron sera l'un d'entre eux. Ici, comme partout ailleurs, la paix romaine s'installe et bâtit thermes, théâtres, stades et demeures élégantes dont on peut voir aujourd'hui les ruines. C'est à cette époque que **saint Paul** et **saint Barnabé débarquent à Chypre** pour convertir l'île à la nouvelle religion. Mission réussie, puisque l'île deviendra le premier pays à être gouverné par un chrétien. Enfin, sous cette occupation romaine, Chypre connaîtra de terribles tremblements de terre, une révolte sanglante, en 116 apr. J.-C., des juifs de Salamine, et une épidémie de peste en 164 apr. J.-C.

Les Byzantins (330-1191)

A son tour, l'Empire romain connaît de graves dissensions et est divisé en deux : l'empire occidental et l'empire oriental. Chypre passe sous le contrôle de l'empire oriental qui a pour capitale Byzance. Des édifices religieux s'élèvent à Kourion, Salamine et Paphos que de nouveaux tremblements de terre détruiront. A la fin du Ve siècle, l'empereur byzantin Zénon donne à l'Eglise chypriote son autonomie. Autocéphale, cette Eglise vivra sa vie orthodoxe. **Et son archevêque possédera divers privilèges toujours en vigueur de nos jours : le droit de porter le sceptre au lieu du bâton pastoral, de revêtir l'écharpe pourpre et de signer à l'encre rouge.**
C'est durant cette période, au VIIe siècle,

Entre terre et mer, Kourion dresse ses colonnes patinées par le vent.

que les Arabes envahissent l'île. Un fragile accord de paix, signé entre l'empereur byzantin et le calife, offrira à Chypre quelques années de tranquillité, troublées cependant par la présence, sur les côtes de l'île, de pirates dont les pillages sèment la désolation. Finalement, les Byzantins chassent les Arabes et reprennent le pouvoir à Chypre.

Les Français (1191-1489)

Dans l'histoire de Chypre, voici les siècles les plus étonnants, mais aussi les plus riches pour l'île puisqu'on appellera cette période le « siècle d'or de Chypre ». **Tout commence par un banal naufrage qui jette sur la côte chypriote la fiancée de Richard Cœur de Lion.** Comnème, le gouverneur de l'île, s'empare de la jeune femme et de sa suite, et les retient prisonnières. Richard attaque l'île, défait Comnème, libère sa bien-aimée et en profite pour l'épouser à Limassol (Lemesos). Mais Richard n'a que faire de Chypre et vend l'île aux templiers. Ceux-ci, après une politique malheureuse, essuient plusieurs révoltes de la population et, à leur tour, vendent l'île à Guy de Lusignan, dernier roi du royaume franc de Jérusalem. Jeté à la mer avec sa cour, ses nobles et ses institutions par Saladin, il se réfugie à Chypre dont il est le propriétaire et crée une dynastie. A partir de 1191 et pendant près de trois siècles, **l'île sera gouvernée par une famille française totalement indépendante du royaume de France.** Elle y imposera le système féodal et l'Eglise catholique (au détriment de l'Eglise orthodoxe), et bâtira de nombreux édifices gothiques.

Saint Louis à Chypre

En route pour la croisade, Louis IX, plus connu sous le nom de Saint Louis, passera l'hiver 1248-1249 à Chypre. Il est accueilli par Henri Ier de Lusignan. Il sera reçu à Nicosie (Lefkosia), au palais royal. Il ira également, à Famagouste (Ammochostos) qui commence alors à devenir le port commercial le plus important de l'île. Son armée est installée aux abords de Limassol (Lemesos), mais, à cause des fièvres et de l'abus de vin, près de 300 hommes mourront dans l'île. Quand le roi embarque de Limassol pour Damiette, Joinville écrit : « Il semblait que toute la mer, à perte de vue, fût couverte d'une multitude de linge blanc. »

➤ Le règne des Lusignan

L'histoire des Lusignan à Chypre, c'est l'histoire des « rois maudits » sous le ciel d'Orient. L'île est riche, très riche. Ses ports, notamment Famagouste (Ammochostos), sont des étapes incontournables pour le commerce en Méditerranée. **Nicosie (Lefkosia) devient capitale et résidence des Lusignan.** En Europe, on évoque la « riche cour de Chypre ». Saint Louis en route pour la croisade fera étape dans le port de Limassol (Lemesos). Mais de français, les derniers Lusignan n'en ont plus que l'origine : année après année, siècle après siècle, sous la douceur du climat, et malgré les guerres incessantes contre les Arabes, les

Vénitiens et les Génois qui intriguent sans cesse pour s'emparer de cette formidable étape commerciale entre l'Orient et l'Occident, **ces rois se sont orientalisés et ne parlent plus que le grec.** L'aventure s'achève en 1489 lorsque, après la mort du dernier roi Lusignan, son épouse Catherine Cornaro cède l'île aux Vénitiens qui avaient admirablement manœuvré puisque… Catherine Cornaro était vénitienne.

Les Vénitiens (1489-1571)

On retiendra de cette période l'édification des remparts énormes, œuvre de l'architecte Guilio Savognarno, qui ceinturent Nicosie (Lefkosia) pour protéger la capitale des attaques extérieures. Une partie de ces remparts, élevés en 1567, existent toujours. Les Vénitiens, pour construire cette muraille, ont utilisé les pierres de nombreux et beaux édifices élevés par les Lusignan. Les représentants de la Sérénissime n'aiment pas Chypre en laquelle ils ne voient qu'une base commerciale. Ils devront faire face en 1562 et 1568 à deux révoltes d'un peuple affamé qui réclame du pain. De la langue française, on passe à l'italien. Ce changement provoquera encore des dissensions dans la population qui parle à cette époque toujours français. Un visiteur de cette époque écrira à ce propos : « Car tous ceux du pays, et spécialement les gentilshommes, sont aussi bons français que nous sommes en France et sont merveilleusement mal contents d'être en la suggestion de la Seigneurie de Venise. »

La prise de Nicosie (Lefkosia)

Le 9 septembre 1570, après 45 jours de siège, Nicosie est prise par les Ottomans. La ville est saignée, les églises profanées, les couvents brûlés. Le gouverneur vénitien a la tête tranchée et 20 000 cadavres jonchent les ruelles de la ville. Un témoin racontera : « Les horribles bruits et tonnerres d'artillerie et d'arquebuses cessèrent de sonner à nos oreilles, on n'entendit plus autre chose dans toute la ville que des cris et des pleurs de femmes et d'enfants. » Mustafa Pacha a gagné. La route de Famagouste (Ammochostos) est ouverte. Malgré une résistance héroïque, la ville tombera elle aussi. C'en est fini de la Chypre vénitienne.

Les Ottomans (1571-1878)

Venise ne pouvait résister longtemps aux coups de boutoir des Turcs. En 1570, les Ottomans s'emparent de Nicosie (Lefkosia) et vont aussitôt après mettre le siège devant Famagouste (Ammochostos). La ville sera prise après un an de siège. Dès qu'ils s'emparent de la ville, les Turcs font prisonnier son principal défenseur : Marc Antoine Bragadino qui finira écorché vif sous les yeux de la population. Apprenant la perte de l'île, le pape Pie V appelle à une nouvelle croisade et Ronsard, pour secouer les énergies occidentales, écrit un

poème intitulé : « Vœu à Vénus pour garder Chypre de l'armée du Turc ». Ni l'un ni l'autre ne seront écoutés, et Chypre restera entre les mains des Ottomans. Les Turcs chassent l'Eglise catholique pour rétablir l'Eglise orthodoxe. **L'archevêque orthodoxe, seul pouvoir en place,** joue désormais un rôle politique incontournable puisque c'est à lui que les Turcs s'adresseront quand ils voudront évoquer les affaires de Chypre. C'est un tournant capital pour l'avenir du pays. Les archevêques conserveront, désormais, une parcelle du pouvoir politique (c'est d'ailleurs l'Eglise chypriote, avec monseigneur Makarios, qui lancera en 1955 la lutte pour l'indépendance de l'île). **Plus tard, la population de l'île, solidaire des Grecs qui se soulèvent en 1821 contre l'occupant turc,** paie un lourd tribut à la cause hellénique ; l'archevêque de Chypre Kyprianos est pendu et des centaines de notables chypriotes exécutés.

Les Anglais (1878-1960)

L'Empire ottoman s'étant rangé en 1914 aux côtés de l'Allemagne perd à l'issue de la guerre ses droits sur Chypre. En 1923, au traité de Lausanne, la Turquie renonce à tous ses droits sur l'île qui devient colonie anglaise. Pendant la Seconde Guerre mondiale, des volontaires chypriotes s'engagent dans l'armée britannique. Après le conflit, l'épidémie d'autodétermination qui déferle sur le monde n'épargne pas l'île à laquelle les Anglais restent très attachés. **Ne dit-on pas, alors, que Chypre est un « porte-avions anglais » ?** Toute solution pacifique ayant été épuisée, les Chypriotes se lancent dans la guerre d'indépendance de 1955 à 1959.

La république de Chypre (1960)

Les Anglais résistent. Mais le désir de vivre libre est le plus fort. Et, en 1960, par le traité de Zurich, **Chypre devient une république indépendante.** Elle hérite d'un « monstre constitutionnel » qui, en voulant donner satisfaction aux deux communautés, la grecque (80 % de la population) et la turque, conduira l'île à son malheur. Chypre se retrouve avec un président, monseigneur Makarios, héros de la guerre d'indépendance, et une Constitution impossible à appliquer. Résultat : en 1963, les ministres chypriotes turcs se retirent du gouvernement. Les troubles entre les deux communautés ensanglantent la vie quotidienne. **Les Casques bleus débarquent à Chypre.** Favorable à la

Palais de l'Archevêque : monseigneur Makarios n'en demandait peut être pas tant…

partition de l'île, la Turquie, sous prétexte de protéger sa communauté présente à Chypre, envahit l'île en 1974. Les troupes d'Ankara occupent 37 % du territoire de Chypre, chassent de leurs villages du nord de l'île 200 000 Grecs chypriotes qui deviendront ainsi des réfugiés dans leur propre pays. **La partition est accomplie.**

Une île coupée en deux (1983-)

En 1983 est auto-proclamée une « République turque de Chypre du Nord » qui n'est reconnue que par… Ankara. Aujourd'hui, le nord de l'île abrite toujours 35 000 soldats turcs. La plupart des instances internationales ont condamné ces initiatives de la Turquie. En 2001, Chypre demeure toujours coupée en deux. **Alors que le mur de Berlin est tombé, celui de Nicosie (Lefkosia) existe toujours.** Mais les Chypriotes grecs, installés dans le sud de l'île, ont relevé les manches. On a accueilli les réfugiés, bâti, aménagé, assaini. On a redressé un pays qui est, pour le visiteur, un des plus confortables du bassin méditerranéen. D'une économie saccagée, les Chypriotes grecs ont fait une économie prospère. Un récent rapport de la Communauté européenne indiquait : « la partie chypriote turque a un niveau de vie quatre à cinq fois inférieur à la partie chypriote grecque ». **Après de nombreuses négociations entre les deux communautés, l'ONU prend l'initiative d'organiser un référendum – le 24 avril 2004 – visant à la réunification de l'île.** Choquée par la proposition de laisser la liberté à la Turquie d'intervenir militairement à Chypre, la communauté grecque votera « non » à près de 76 %. L'île n'étant pas réunifiée, seule la république de Chypre intégrera l'Union européenne.

La guerre d'indépendance

En 1955, à l'appel de l'Eglise, les Chypriotes se soulèvent pour arracher leur indépendance aux Anglais qui ne veulent céder en rien sur leurs prétentions à rester maîtres des destinées de l'île.
Le mouvement EOKA (Organisation nationale des combattants chypriotes) organise la guerre de libération et enflamme l'île. Contre les soldats de Sa Majesté, il lance la guérilla dans les villes et dans le Troodos. Aux bombes des révoltés répondent les pendaisons des Britanniques. Les Anglais sont vite débordés et accordent l'indépendance de l'île en 1960.
Le visiteur français n'oubliera pas que, pour manifester leur soutien aux hommes de l'EOKA, les grands élèves des lycées chypriotes hissaient sur le toit de leurs établissements le drapeau bleu et blanc de l'hellénisme et appelaient à la révolte en récitant des vers de… Rimbaud.

Check-point – ligne verte : de l'autre côté, vit Lefkosia occupée.

Repères chronologiques

8000 av. J.-C. : premières traces d'habitation à Chypre.
3000 à 1000 : découverte du cuivre à Chypre. Commerce avec le Proche-Orient. Cités-royaumes.
800 : les Phéniciens s'emparent de Kition (Larnaka). Ils introduisent dans l'île le culte d'Astarté qui se confondra avec celui d'Aphrodite.
709 : conquête de Chypre par les Assyriens.
570 : conquête de Chypre par les Egyptiens.
545 à 350 : conquête de Chypre par les Perses. Révolte conduite par Evagoras 1er, roi de Salamine.
332 : Alexandre le Grand chasse les Perses et intègre l'île à son empire.
300 : Chypre appartient aux Ptolémées d'Egypte.
58 : conquête de l'île par les Romains. Pafos capitale de l'île.
45 apr. J.-C. : Paul et Barnabé débarquent à Chypre. L'île est évangélisée et devient le premier Etat chrétien. Le gouverneur romain Sergius Paulus se convertit au christianisme.
395 : après la division de l'Empire romain, Chypre passe sous la domination de l'Empire byzantin.
431 : autonomie de l'Eglise chypriote.
600 à 900 : invasions arabes.
1191 : troisième croisade. Richard Cœur de Lion s'empare de Chypre et épouse à Lemesos Bérengère de Navarre qu'il couronnera reine d'Angleterre.
1192 : royaume de Chypre. Dynastie des Lusignan. Lefkosia capitale de l'île. Près de trois cents ans d'influence française.
1489 : fin du royaume français de Chypre et de la présence des Lusignan. Venise maître de l'île.
1571 : conquête de Chypre par les Turcs.
1878 : les Turcs cèdent Chypre aux Anglais. Le 12 juillet, le haut commissaire britannique s'installe à Lefkosia.
1950 : monseigneur Makarios est élu archevêque de l'île et ethnarque.
1955-1959 : guerre d'indépendance et accords de Zurich.
16 août 1960 : indépendance de l'île. Monseigneur Makarios devient président de la République.
Septembre 1960 : adhésion de Chypre à l'ONU.
Mai 1961 : adhésion de Chypre au Conseil de l'Europe.
Décembre 1962 : accord d'association avec la CEE.
1963-1973 : graves tensions entre les communautés grecque et turque. Crise entre Athènes et Ankara. Troubles dans l'île. Arrivée du contingent de l'ONU.

20 juillet 1974 : invasion de Chypre par l'armée turque.
3 août 1977 : mort de monseigneur Makarios. M. Spyros Kyprianou, président de la Chambre des députés, lui succède à la tête de l'Etat.
15 février 1983 : Kyprianou est réélu président de la République pour cinq ans.
21 février 1988 : Georges Vassiliou est élu président de la République.
7 février 1993 : Glafcos Cléridès est élu président de la république de Chypre.
25 février 1998 : Glafcos Cléridès est réélu président de la république de Chypre.
24 avril 2004 : référendum de l'ONU sur la réunification de l'île. La communauté grecque répond « non » à 76 %.
1er mai 2004 : la république de Chypre intègre l'Union européenne.

Personnages célèbres

➤ Zénon
(né vers 335-264 av. J.-C.)

Le célèbre philosophe né à Larnaka fonde à Athènes la célèbre école du Portique, placée sous le signe du stoïcisme. « *Vivre selon la nature* » était sa formule préférée. Il se suicide en 264 et est inhumé près de l'Agora athénienne.

➤ Cicéron
(106-43 av. J.-C.)

Comme proconsul, Cicéron a été gouverneur de l'île. Il était établi à Pafos alors capitale de Chypre. C'est sans doute ce qui explique la beauté des mosaïques des demeures romaines de cette cité.

➤ Démétrios

Ce Chypriote remporte, en 229 apr. J.-C, **les épreuves olympiques du dromos** (course de vitesse sur 200 m) et du pentathlon (course, lutte, lancement du disque, pugilat, pancrace).

➤ Paul et Barnabé
(Ier siècle)

En 45 apr. J.-C., Paul et Barnabé convertissent Chypre au christianisme. Barnabé, vraisemblablement un juif originaire de Salamine, fondera l'Eglise de Chypre.

➤ Hélène Paléologue
(XVe siècle)

Epouse du roi Lusignan Jean II, qui régna de 1432 à 1458. Elle rendra son importance à l'Eglise orthodoxe qui, depuis le XIIe siècle, date de l'arrivée des Lusignan au pouvoir, était dominée par l'Eglise catholique. Enfin, **elle redonnera à la langue grecque toutes ses prérogatives** à la cour des Lusignan où l'on ne parlera plus que la langue d'Homère.

➤ Catherine Cornaro
(XVe siècle)

Dernière reine de Chypre de l'époque des Lusignan. Jouet entre les mains de Venise où elle est née, Catherine Cornaro épouse par procuration, en 1472, le roi Jacques II, qui meurt empoisonné et sans postérité. Elle abdique en 1489 en faveur des doges qui occuperont l'île pendant près de cent ans avant d'en être chassés par les Turcs.

➤ L'archevêque Kyprianos
(XIXe siècle)

Lors de la révolte grecque de 1821 contre l'occupation turque, cet archevêque chypriote estime qu'il faut aider la rébellion d'Athènes. Le complot échoue et l'archevêque Kyprianos est pendu par les Turcs.

➤ Monseigneur Makarios
(XXe siècle)

Après avoir animé la lutte pour l'indépendance contre les Anglais, ce grand prélat a été, en 1960, **le premier président de la république de Chypre.** Ses interventions à la tribune de l'ONU sont restées célèbres. Il sera, notamment, un des leaders des pays dits « non alignés » et sera observateur à la conférence de Bandung (Indonésie) qui a vu la naissance de ce mouvement, aujourd'hui placé au rang des souvenirs.

Regards actuels

L'invasion turque de 1974 a eu pour conséquence de couper l'île en deux. Alors que le potentiel économique et touristique de la vieille terre achéenne passait sous le contrôle des troupes d'Ankara, la république de Chypre a, au cours de ces dernières années, travaillé dur pour offrir aujourd'hui à ses visiteurs une terre accueillante et prospère. L'avenir lui appartient. Les portes de l'Europe ne devraient pas tarder à s'ouvrir pour cette île, dont les résultats économiques sont supérieurs à ceux de la Grèce, de l'Irlande et du Portugal, déjà membres de la Communauté européenne.

Economie

Peu de chômage, une demande intérieure active et un tourisme en pleine expansion caractérisent l'économie chypriote, dont les principaux partenaires économiques sont la Communauté européenne (Angleterre, Italie, Allemagne) et les pays arabes (Arabie saoudite, Syrie, Koweït, Dubay et Egypte).

› Tourisme

Le point fort de l'économie chypriote. Les 760 000 habitants de l'île accueillent en ce début du XXIe siècle près de **2,7 millions de touristes,** principalement des Anglais, des Scandinaves et des Allemands mais aussi des Suisses et des Russes. Pour satisfaire à la demande, l'aéroport de Larnaka se complète de celui de Pafos. Cette situation dope les emplois saisonniers, mais a, hélas, pour conséquence le « bétonnage » des côtes, notamment aux alentours de Lemesos. Comme il n'existe pas de plan d'occupation

des sols, les promoteurs s'en donnent à cœur joie. Malgré cette frénésie de construction, Chypre, sur la côte, comme dans la montagne du Troodos, a su garder un charme discret, loin des foules estivales, et provoque un attachement fidèle.

La vigne

Depuis les temps les plus anciens, on cultive la vigne à Chypre. On a, en effet, trouvé dans les ruines de Pafos une coupe du VIe siècle avant J.-C. portant l'inscription : « Soyez heureux et buvez du vin. » Le vignoble chypriote s'étend sur les pentes du Troodos et dans les régions de Pafos et de Lemesos, qui a créé son « festival du Vin ». La production est extrêmement variée. L'afames et l'othello pour les rouges, l'amathus, l'arsinoé et le palomino pour les blancs, l'amorosa et le bellapais pour les rosés sont parmi les vins les plus réputés de l'île. Le commandaria, très ancien et très sucré, est le vin le plus renommé de Chypre. Il a été« lancé » au XIIIe siècle par les hospitaliers, un ordre chevaleresque rescapé des croisades, établi à Kolossi, près de Lemesos.

Industrie

Avec un taux de croissance annuel élevé, les secteurs de l'habillement, de l'ameublement, du cuir, des cosmétiques, des dentelles, des appareils ménagers et de l'huile d'olive connaissent un développement important. Ces produits manufacturés représentent plus de 18 % du PNB et leur fabrication emploie près de 20 % de la main-d'œuvre. Le travail du cuir occupe une place particulière dans la vie artisanale. Ainsi, on trouve à Chypre, à des prix raisonnables, un grand choix de sacs, valises, vestes et chaussures.

Les ports

Chypre possède deux grands ports commerciaux situés à Lemesos et à Larnaka, sur la côte sud de l'île. Ils accueillent les cargos containeurs ainsi que les navires de voyageurs. Pour faire face à la demande croissante, des zones de stockage ont été créées dans ces ports dont les quais ont été agrandis. Les installations créées à Larnaka et à Lemesos permettent aujourd'hui à ces deux cités d'envisager de devenir, dans un futur proche, des grands **centres de transbordement** dans cette région de la Méditerranée. Il existe également des terminaux maritimes qui autorisent l'importation de pétrole à Larnaka, Dhekélia, Moni et Vassiliko, dont le développement et les aménagements récents facilitent également les importations de phosphate et d'ammoniaque, et les exportations de ciment et d'engrais.

Depuis toujours on fait du vin à Chypre… et de toutes les couleurs !

Sa mère brodait, elle brode, sa fille brodera…

› Agriculture

Chypre est le domaine de l'olivier, du citronnier, de l'oranger, de la pomme de terre et de la vigne. On trouve également des plantations de tabac, et le caroubier est partout. Plus de 70 % de la production agricole est exportée, notamment vers l'Angleterre, l'Allemagne et le Benelux. **Le vignoble occupe plus de 10 % du territoire** et n'a jamais eu le phylloxera. Trois producteurs, Kéo, Sodap et Etko, se partagent le marché et possèdent des installations très modernes à Lemesos. Des petits producteurs se sont récemment lancés sur le marché en privilégiant la qualité.

Institutions politiques et administratives

La république de Chypre a été proclamée le 16 août 1960, avec une Constitution impossible à appliquer. En effet, le président grec et le vice-président turc possédaient chacun un droit de veto sur les lois adoptées par les députés. Depuis l'invasion turque de 1974, le président de la république de Chypre, qui contrôle seulement 63 % du territoire de l'île, est élu au **suffrage universel** pour cinq ans. Il a le pouvoir exécutif et nomme les ministres. Le pouvoir législatif est exercé par la Chambre des représentants qui est composée de 50 membres élus au suffrage universel pour un mandat de cinq ans. Les partis qui animent la vie politique sont le DISY (droite), le DIKO (centre-droite), le KISOS (socialiste) et l'Akel (communiste).

Population

Accueillant, débrouillard, travailleur, actif, croyant, le Chypriote a le sens de l'hospitalité. On dit aujourd'hui que l'île est peuplée par 760 000 personnes. Mais l'île étant coupée en deux, il est très difficile, notamment pour la partie occupée par la Turquie où de nombreux colons venus d'Asie Mineure se sont installés,

L'Eglise orthodoxe

Supportant de moins en moins bien l'autorité papale, les évêques orientaux se séparent de Rome en 1054 et créent ce que l'on appelle l'Eglise orthodoxe. Opposition théologique aussi : pour les orthodoxes, l'Esprit saint n'est issu que de Dieu et ne « procède » pas, comme l'indique le credo catholique, du Père et du Fils. La Vierge Marie n'est pas « montée » au ciel comme l'affirment les catholiques, mais seulement son âme pendant qu'elle dormait. Le 15 août, le monde orthodoxe célèbre donc la Dormition et non l'Assomption. Enfin, les orthodoxes estiment que le pape est seulement l'évêque de Rome et non le chef spirituel de la chrétienté. En 1964, le pape Paul VI et le patriarche Athênagoras ont levé les excommunications mutuelles. Aujourd'hui, 200 millions de chrétiens se reconnaissent dans l'Eglise orthodoxe. A Chypre, l'Eglise autocéphale (de foi orthodoxe mais indépendante) est représentée par près de 450 paroisses réparties dans toute l'île.

de connaître exactement le nombre d'habitants de l'île. Lors de l'invasion de 1974 par les troupes d'Ankara, 80 % de la population était représentée par des Chypriotes grecs, 18 % par des Chypriotes turcs et 2 % par diverses communautés. La république de Chypre, c'est-à-dire le sud de l'île, est composée en majorité de Chypriotes grecs qui, pour faire des études, émigrent bien souvent vers les pays anglo-saxons. Malgré des relations difficiles, tout au long de leur histoire, avec Athènes, les Chypriotes grecs gardent un attachement passionné à la Grèce. Une attirance que rien ne peut effacer. **Ici, plus qu'ailleurs, l'hellénisme est vécu au quotidien.**

Religion

Chypre est avant tout orthodoxe. Les monastères, les édifices religieux et les popes abondent. Autocéphale, c'est-à-dire indépendante, l'Eglise est omniprésente et riche. Les saints patrons veillent sur tous les villages et sur toutes les campagnes. L'histoire a servi l'Eglise qui, pendant trois cents ans, a été la seule interlocutrice avec l'occupant turc. Et c'est l'Eglise, seule puissance organisée, qui a donné le signal

Le pope fait partie de la vie quotidienne des habitants de l'île.

de la lutte pour l'indépendance refusée par les Britanniques. Monseigneur Makarios a, en effet, en 1955, levé l'étendard de la révolte. Il devient en 1960 premier président de la république de Chypre. Si, aujourd'hui, l'Eglise est officiellement moins présente, elle n'en demeure pas moins **influente.** Rien d'important ne se fait à Chypre sans son accord.

Vie sociale

La famille est sacrée et demeure la pierre angulaire de la vie quotidienne. Les enfants sont adorés. La femme chypriote, qui travaille dur, est très respectée car c'est elle qui enfante. Le Chypriote aime recevoir des amis et n'hésite pas à lier conversation avec l'étranger, à qui l'on accorde volontiers sa confiance. Trahir cette confiance est particulièrement malvenu et rompt à jamais le lien qui a pu être créé. Les Chypriotes, qui ont presque tous un parent parti à l'étranger pour étudier ou travailler, ont du bon sens, parfois teinté de fatalisme. Longtemps repliée sur elle-même, la société chypriote, grâce à son économie prospère et à son tourisme, s'ouvre sur l'extérieur, même si les traditions restent bien vivantes, notamment dans les villages de montagne. L'école commence officiellement à l'âge de 5 ans et demi et est gratuite jusqu'à la fin des six années de scolarité. L'enseignement secondaire est ouvert aux adolescents de 11 à 17 ans. L'université de Lefkosia et l'Institut technologique complètent le système éducatif.

Fêtes et coutumes

Fêtes populaires, nationales et religieuses animent tout au long de l'année la vie chypriote. **Le « panigiri »,** célébration et festivité traditionnelle

Mariage

Au cours de la cérémonie du mariage, le pope dit à la jeune fille : « aime et obéis ». Le jeune marié pose alors son pied sur celui de sa future femme et appuie doucement pour lui faire comprendre de ne pas oublier les recommandations du religieux. L'après-midi, après le repas, au son du violon et de la guitare, les jeunes mariés tournent dans un cercle formé par les parents et les amis. Lorsqu'ils s'arrêtent, quelqu'un jaillit du cercle et épingle sur la robe de la mariée un billet de banque. Et le couple repart dans sa ronde jusqu'à ce que la robe et le costume des mariés soient couverts de billets par les invités du mariage. Le bris d'une assiette signifie que la ronde est finie.

Dans l'Antiquité, le théâtre et la poésie étaient déjà à l'honneur.

en plein air, a lieu surtout dans les villages à l'occasion de la fête du saint local. Bien souvent, pendant ces fêtes, les bureaux, notamment les banques et les musées, sont fermés. Par contre, les magasins restent ouverts certains jours fériés.

➤ Manifestations culturelles et artistiques

▮ Anthestirira : fête des Fleurs à Pafos, Lemesos, Larnaka *(1re quinzaine du mois de mai).*

▮ Festival culturel de Larnaka : concerts, danses et chansons populaires, exposition, au château de Larnaka *(en juillet).*

▮ Festival de Lefkosia : représentations théâtrales, concerts, musique populaire et classique, exposition d'art populaire *(en septembre).*

▮ Festival de Théâtre antique grec : les représentations sont données en soirée pendant l'été, dans l'odéon antique à Pafos, au théâtre antique de Kourion à Lemesos et au château de Larnaka.

▮ Festival international de Lemesos : dans le grand parc de la ville, avec la participation de troupes chypriotes et étrangères qui présentent des danses classiques et populaires, ainsi que des concerts de musique et de chant *(première quinzaine de juillet).*

▮ Festival d'Aphrodite à Pafos : un festival réputé d'opéra avec pour décor le fort médiéval.

➤ Fêtes populaires

◆ Le carnaval

C'est une période de réjouissances dans tout le pays. Le carnaval est célébré de manière particulière dans la ville de Lemesos, où bals et défilés de chars sont organisés par la municipalité. (En février ou début mars, 50 jours avant la fête de Pâques orthodoxe.)

◆ Fêtes religieuses (paniyiria)

▮ Epiphanie *(6 janvier)* **:** dans toutes les villes côtières ont lieu des cérémonies religieuses au cours desquelles on bénit les eaux en immergeant un crucifix dans la mer.

Lundi maigre *(1er jour de carême)* **:** journée d'excursions et de pique-niques à la campagne. Enfants et adultes s'amusent à lancer des cerfs-volants et se régalent de spécialités « maigres ».

Fête de Saint-Lazare : procession de l'icône de saint Lazare. A Larnaka, cette fête est célébrée neuf jours avant les Pâques orthodoxes.

Vendredi saint orthodoxe : dans les villes et villages, les fidèles suivent la procession nocturne de l'Epitaphe, cérémonie particulièrement émouvante et pittoresque.

Pâques orthodoxes : fête célébrée avec faste dans toute l'île.

Kataklysmos *(déluge)* **:** manifestation qui évoque la Pentecôte. Elle a lieu 50 jours après le dimanche de Pâques orthodoxe et est célébrée de manière particulière à Larnaka et dans toutes les villes côtières.

Art et culture

Architecture

Envahie et pillée au cours des siècles, détruite par de nombreux tremblements de terre, Chypre n'a pas une architecture exemplaire. Cependant, l'art byzantin a envahi les églises, les chapelles et même les demeures dont les plus anciennes, en ville comme à la campagne, sont restaurées grâce à une politique intelligente de sauvegarde lancée par les pouvoirs publics. **Le vieux quartier de Lefkosia, comme les villages autour de Pafos, sont à ce propos des exemples marquants.**

Parmi les principaux intérêts architecturaux de Chypre, il y a ses chapelles aux réminiscences gothiques et que l'on découvre au hasard d'une promenade. Témoins de l'époque des Lusignan, ces

Malgré les invasions et les tremblements de terre, Chypre possède encore de belles maisons traditionnelles.

vieilles pierres ou ces fresques, comme à Pyrga ou à Lefkosia dans le quartier longeant la ligne de « séparation » de la ville, illustrent une histoire qu'aucune autre île de la Méditerranée n'a connue.

➤ Musique

Le Chypriote chante à tous les instants de la vie. Des chansons venues d'Athènes, mais aussi des mélodies inspirées des légendes locales. Le folklore musical n'est pas très riche, mais le caractère joyeux et enjoué des Chypriotes transforme toutes les fêtes, notamment les mariages, en des moments particulièrement heureux, où les chansons rythment toutes les heures de la journée. **A Chypre, la vie nocturne n'est pas un vain mot.** On peut aller danser dans les nombreuses tavernes traditionnelles ou dans des discothèques qui n'ont rien à envier à celles d'Europe. La plupart des hôtels ont leur propre orchestre.

➤ Peinture

Pendant près de mille ans, Chypre a fait partie de l'Empire byzantin. L'art de cette époque s'inscrivait dans la continuité de l'héritage grec, prépondérant dans cette région de la Méditerranée orientale. Héritage qui se traduit par la profusion d'icônes, qu'on trouve partout, dans les églises, les chapelles, les restaurants et chez les particuliers. L'icône n'est pas une image pieuse, comme on peut en rencontrer dans l'Eglise catholique. C'est une prière. Elle reflète le royaume de Dieu. Elle a donc un caractère sacré. L'icône traditionnelle est faite d'un morceau de bois taillé aux dimensions de l'image. Les représentations sont peintes sur des toiles avec des couleurs à la détrempe, c'est-à-dire délayées dans de l'eau additionnée de jaune d'œuf. Jamais à l'huile. L'art de l'icône est bien vivant. Les œuvres modernes du monastère de Kykko, dans le Troodos, sont là pour le prouver.

Rimbaud dans le Troodos

Son œuvre poétique achevée, Rimbaud a 24 ans quand il débarque à Chypre. Il y vivra comme un vagabond, dormira à moitié nu sur les plages, dévoré par les moustiques et les puces, exerçant pendant quelques mois la fonction de contremaître. Bohémien devenu maçon, il participe dans les années 1880-1881 à la construction, à Troodos, de la résidence d'été du gouverneur britannique, à présent celle du président de la république de Chypre. Aujourd'hui, on peut lire sur une plaque posée sur un des murs de la résidence : « Arthur Rimbaud poète et génie français, au mépris de sa renommée, contribua de ses propres mains à la construction de cette maison – MDCCCLXXXI. » Après une violente querelle avec ses employeurs anglais, Rimbaud quitte Chypre le 20 juillet 1881 « avec 400 francs en poche ». Il vogue vers Alexandrie et Aden. On ne le reverra plus dans l'île.

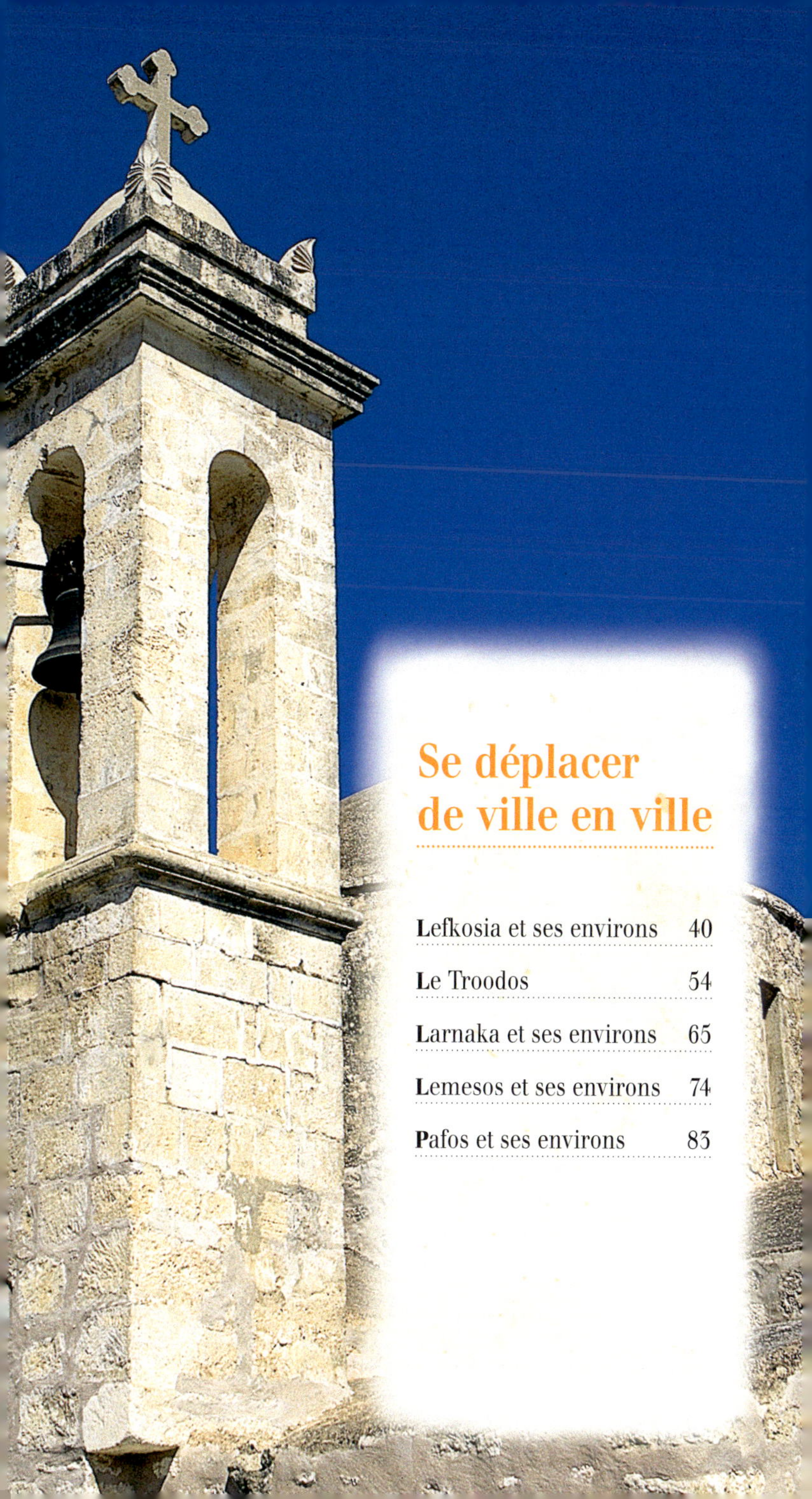

Se déplacer de ville en ville

Lefkosia et ses environs

Capitale de 165 000 habitants, Lefkosia connaît aujourd'hui un formidable développement économique. La ville sait mêler l'animation d'une cité moderne et son riche passé historique pour offrir aux visiteurs le plaisir de découvrir une capitale cosmopolite où se mélangent l'innovation et la tradition. A la fameuse rue Ledra, artère principale de la vieille ville le long de laquelle s'élèvent des maisons anciennes, répond l'avenue Makarios dominée par des buildings conquérants. Tout en veillant sur son passé, Lefkosia, qui possède d'excellents hôtels et d'agréables tavernes à des prix raisonnables, tente d'épouser son siècle. Qui lui en voudrait ? Sa région est riche en sites archéologiques, monastères et églises. Elle mérite une visite, notamment à Tamassos, avec ses tombes royales, ou à Potamia, près de Dali. Une escapade au monastère de Machairas s'impose : niché dans la montagne, il attend les visiteurs désireux de découvrir les beautés du monde orthodoxe.

Lefkosia (Nicosie)

➤ Rappel historique

Ce sont les Français, les Lusignan, qui au XIIe siècle, ont donné le nom de Nicosie à cette ville, posée au cœur de la plaine fertile de la Mésorée, et que les Grecs appellent Lefkosia et les Turcs Lefkosha. Son origine est très ancienne. Lefkosia serait, en effet, construite sur le site de l'antique cité de Ledra fondée par Lefkon, un fils du souverain égyptien Ptolémée Ier.

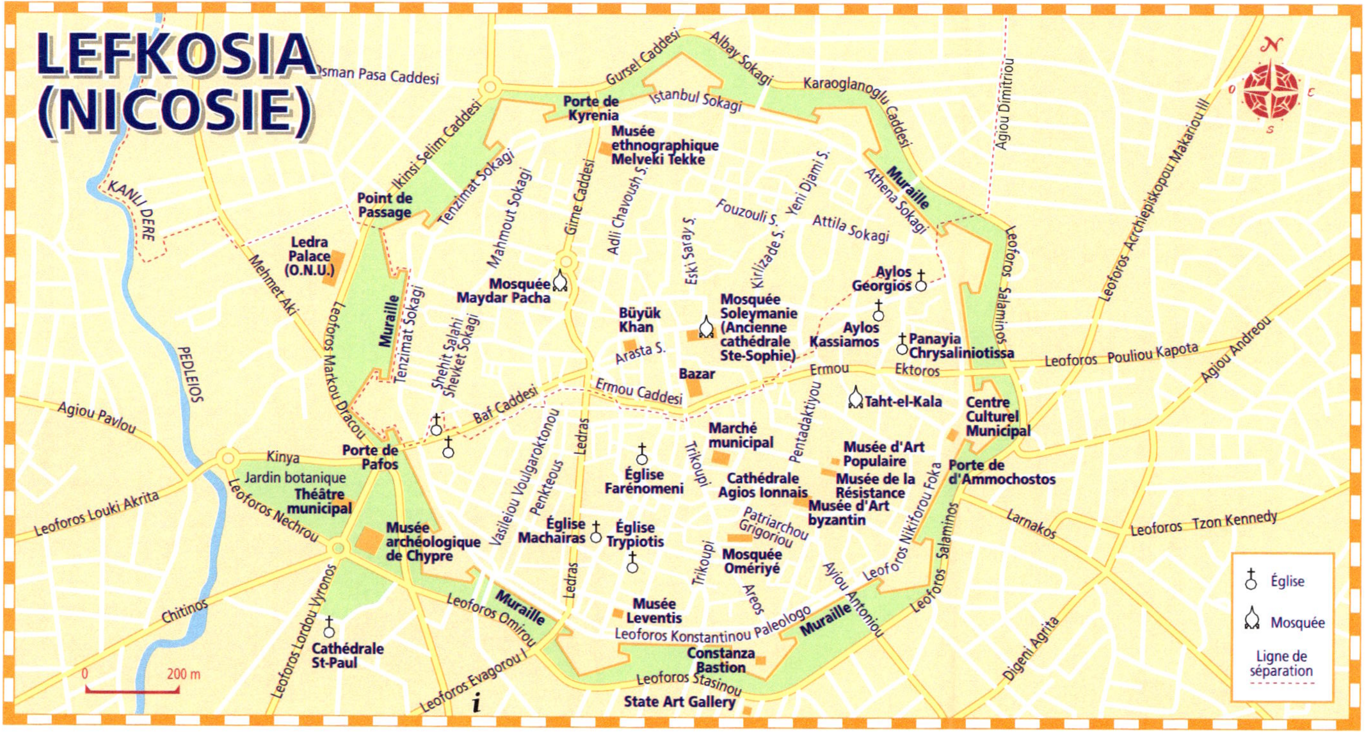
LEFKOSIA (NICOSIE)
Osman Pasa Caddesi
Gursel Caddesi
Albay Sokagi
Karaoglanoglu Caddesi
Agiou Dimitriou
Porte de Kyrenia
Istanbul Sokagi
Musée ethnographique Melveki Tekke
Ikinsi Selim Caddesi
Tenzimat Sokagi
Point de Passage
KANLI DERE
Ledra Palace (O.N.U.)
Mehmet Aki
Muraille
Mahmout Sokagi
Girne Caddesi
Adli Chavoush S.
Mosquée Maydar Pacha
Eski Saray S.
Fouzouli S.
Yeni Djami S.
Kirlizade S.
Attila Sokagi
Athena Sokagi
Leoforos Archiepiskopou Makariou III
Leoforos Salaminos
Aylos Géorgios
Aylos Kassiamos
Panayia Chrysaliniotissa
Mosquée Soleymanie (Ancienne cathédrale Ste-Sophie)
Büyük Khan
Arasta S.
Bazar
Ermou
Ektoros
Leoforos Pouliou Kapota
Agiou Andreou
PEDLEIOS
Leoforos Markou Dracou
Shehit Salahi Shevket Sokagi
Baf Caddesi
Ermou Caddesi
Taht-el-Kala
Centre Culturel Municipal
Pentadaktiyou
Agiou Pavlou
Kinya
Porte de Pafos
Marché municipal
Musée d'Art Populaire
Musée de la Résistance
Musée d'Art byzantin
Porte de d'Ammochostos
Jardin botanique
Théâtre municipal
Ledras
Trikoupi
Église Farénomeni
Cathédrale Agios Ionnais
Leoforos Nikiforou Foka
Leoforos Louki Akrita
Leoforos Nechrou
Musée archéologique de Chypre
Vasileiou Voulgaroktonou
Penkteous
Église Machairas
Église Trypiotis
Patriarchou Grigoriou
Mosquée Omériyé
Larnakos
Leoforos Tzon Kennedy
Ayiou Antoniou
Areos
Leoforos Omirou
Musée Leventis
Leoforos Konstantinou Paleologo
Chitinos
Leoforos Lordou Vyronos
Cathédrale St-Paul
Constanza Bastion
Leoforos Stasinou
State Art Gallery
Leoforos Evagorou I
Digeni Agrita
0
200 m
Église
Mosquée
Ligne de séparation

Son histoire est marquée par les tremblements de terre, les invasions, les épidémies, les incendies et les affrontements. Mais aussi par les Lusignan, qui firent de cette ville une des capitales les plus connues du monde médiéval pour ses richesses. Achéens, Byzantins, Français, Vénitiens et Ottomans s'y sont succédé : ces épisodes, tragiques ou heureux, appartiennent aujourd'hui à l'histoire, mais s'expliquent par la situation géographique de l'île, **aux confins de l'Occident et aux portes de l'Orient**. Au début du troisième millénaire, Lefkosia, depuis l'invasion de l'île en 1974 par l'armée turque, est toujours coupée en deux. Parpaings, sacs de sable et sentinelles indiquent, au milieu d'une rue, les limites à ne pas franchir. Près de la ligne de démarcation, quelques courageux tiennent table ouverte dans de petites tavernes. Les soirées y sont étonnantes. Sous un ciel étoilé et doux, la cuisine est grecque alors que s'élève, de l'autre côté du mur, l'âcre mélopée d'un muezzin. Les traces des combats de 1974 sont encore visibles, avec ce panneau routier, criblé de balles, indiquant la direction de Kerynia et d'Ammochostos, aujourd'hui sous occupation turque. Toujours côté grec, Lefkosia est le siège du gouvernement légal de l'île, celui de la république de Chypre. Dans cette partie de la ville, il existe deux Lefkosia, la cité qui s'étend hors des remparts, et celle, enfermée dedans. **La première, toujours en construction,** témoigne d'un important dynamisme économique, avec son béton, ses hôtels internationaux et ses artères rectilignes. **Les édifices anciens, les ruelles et les tavernes** de la seconde placent cette dernière sous le signe du culturel et du spirituel. Le visiteur aura vite fait son choix.

➤ Vieille ville

Pour découvrir la vieille ville, des visites sont organisées gratuitement par le bureau de l'office de tourisme de Chypre, situé 11, rue Aristokyprou dans le quartier de Laïki Yitonia, à l'est de la place Eleftherias. Départ du bureau de l'office le lundi et le jeudi à 10 h.

Tout l'intérêt de Lefkosia se situe **à l'intérieur** de ses énormes remparts qui datent du XVIe siècle. Dominé par **la place Eleftherias** (place de la Liberté) où se trouve l'hôtel de ville, le vieux Lefkosia est traversé par d'innombrables ruelles où l'on voit parfois

Attention, il faut être vigilant et toujours bien regarder avant d'acheter un souvenir.

cuire, à même le trottoir, des brochettes. Les magasins regorgent de tissus multicolores, d'appareils ménagers et de vêtements. Les petits marteaux des ciseleurs d'orfèvrerie résonnent aux coins des rues. Une atmosphère d'autrefois. C'est dans ce quartier animé, peuplé d'églises anciennes et de vieilles demeures, que se trouvent notamment le musée d'Art byzantin et la cathédrale Saint-Jean.

On peut aussi apprendre à peindre des icônes.

Les icônes

Pour bien comprendre une icône, il faut savoir que, dans l'esprit de son auteur, c'est une prière et non une peinture. Dans le monde orthodoxe, l'icône n'est pas une œuvre artistique mais une œuvre religieuse. Elle se veut le reflet du royaume de Dieu. C'est donc une expression liturgique lumineuse beaucoup plus qu'une démarche picturale. Il y a dans l'œuvre offerte à celui qui la contemple une vision du royaume de l'Eternel. C'est-à-dire que « ce n'est pas nous qui regardons l'icône, c'est l'icône qui nous regarde ». Avant de commencer son travail, l'auteur, bien souvent un moine, jeûne et prie. Il colle ensuite sur un morceau de bois une toile recouverte de peinture blanche. Les images sont peintes à la détrempe : les couleurs sont délayées dans de l'eau mélangée avec du jaune d'œuf, jamais à l'huile. Une fois son labeur achevé, le moine enduit son œuvre d'huile de lin pour renforcer sa résistance.

◆ Les remparts et la porte d'Ammochostos (Famagouste)

Porte d'Ammochostos, rue Leoforos Athinon. Ouvert du lundi au vendredi de 10 h à 13 h et de 16 h à 19 h. De juin à août de 17 h à 20 h. Entrée payante.

C'est à partir des remparts que l'on pénètre dans la vieille ville, le cœur de Lefkosia. Cette imposante muraille, élevée par les Vénitiens pour se protéger des invasions arabes, a été érigée avec les pierres des édifices bâtis par les rois Lusignan. Longues de 4,5 km, les fortifications sont percées par onze bastions qui portent chacun le nom d'une famille de la cité des doges qui a financé leur construction. **Trois portes permettaient d'entrer dans la ville.** Au nord, se trouve la porte de Kerynia, à l'ouest la porte de Pafos et à l'est celle d'Ammochostos. La première est en secteur turc, la seconde sur la ligne de démarcation, juste à côté de la seule église catholique de Lefkosia. Le secteur a toujours un triste aspect avec ses maisons éventrées. La troisième porte est celle de Ammochostos qui abrite le centre culturel municipal. Des **armoiries vénitiennes ornent la façade.**

Suivez le guide !

Au 13 de la rue Aristokypou, une librairie désuète offre des livres anciens et neufs, certains écrits en français, sur l'histoire et l'art de Chypre.

◆ Musée d'Art byzantin

Place Archiepiskopou Kyprianou. Ouvert du lundi au vendredi de 9 h à 16 h 30 et le samedi de 9 h à 13 h. Entrée payante.

S'il n'y avait qu'une seule bonne raison de faire un voyage à Chypre, ce serait pour visiter ce musée. Ici, l'icône déploie ses fastes et ses couleurs. *L'Entrée de Jésus à Jérusalem*, *La Descente de la croix* et *La Résurrection du Christ* sont parmi les peintures sur bois les plus attachantes de cette collection, allant du IXe au XVIIIe siècle. Une icône de la fin du XIVe siècle montre, au bas de l'œuvre, les commanditaires habillés à l'européenne : chapeaux à larges bords et manteaux pour les hommes, cheveux tressés et ornés pour les femmes. Pas de doute, c'est bien l'époque des Lusignan.

La cathédrale Agios Ioannis : un des fleurons de l'île.

◆ Cathédrale Agios Ioannis

Place Archiepiskopou Kyprianou. Ouverte du lundi au vendredi de 8 h à 12 h et de 14 h à 16 h. Le samedi de 8 h à 12 h. Entrée libre.

A côté du musée des Icônes, **la cathédrale Saint-Jean** a été construite en 1662. De très belles fresques illustrent des scènes de la Bible. Pour qui aime l'authenticité orthodoxe, les couleurs, les iconostases et l'encens, elle est un lieu de visite obligatoire. L'aigle orthodoxe domine la nef et ses visiteurs. Le monde hellène trouve ici toute sa signification.

La fabrication de poterie est une spécialité de Chypre.

◆ Musée ethnographique de Chypre

Place Archiepiskopou Kyprianou, à deux pas du musée des Icônes. Ouvert du lundi au vendredi de 9 h à 17 h, le samedi de 10 h à 13 h. Entrée payante.

Consacré à l'art populaire de l'île, ce musée possède une belle collection couvrant le XIXe siècle et le début du XXe. Il présente des objets en bois sculpté, des tapisseries, de la broderie, des tissus traditionnels et des costumes folkloriques.

Venus des villages voisins de la capitale, fruits et légumes sont à profusion au marché de Lefkosia.

◆ Eglise de la Panayia Chrysaliniotissa

A partir de la place Archiepiskopou Kyprioanou, en passant par les rues Pentakilos, Theseus, Hector Eminos. Ouvert tlj de 8 h à 12 h et de 14 h à 18 h ainsi que pendant les offices. Entrée libre.

Selon la tradition, cette église, « Notre-Dame du Lin d'Or », aurait été construite par la reine Hélène Paléologue au XVe siècle. C'est la plus ancienne église byzantine de Lefkosia. Elle possède de précieuses icônes, dont certaines ont été peintes en 1740 et 1760.

◆ Musée de la Lutte nationale

A deux pas de la place Archiepiskopou Kyprioanou. Ouvert du lundi au vendredi de 8 h à 14 h et de 15 h à 18 h, fermé le jeudi après-midi en juillet et août. Entrée payante.

Ce musée présente des documents, des photos et des témoignages sur la lutte menée de 1955 à 1959 par les Chypriotes pour obtenir leur indépendance contre l'occupant anglais. L'extérieur du musée est particulièrement réaliste. Il représente, en effet, des hommes et des femmes sortant des geôles britanniques.

Une île grecque

Chypre est une île de culture grecque. Ne dit-on pas que les Chypriotes parlent un grec qui s'apparente à la langue d'Homère ? Plus concrètement, l'hellénisation de l'île commence avec l'arrivée des Mycéniens et des Achéens. Des poteries trouvées à Engomi attestent la présence grecque à Chypre et une inscription figurant sur un bronze du XIe siècle av. J.-C. évoque le langage achéen. Tout au long de son histoire « agitée », l'île restera fidèle à l'hellénisme et à l'orthodoxie. Y compris pendant les trois cents ans d'occupation turque (1571-1871).

➤ Quartier de Laïki Yitonia ♥

Situé entre **la rue Ledra et la place Eleftherias,** ce quartier du vieux Lefkosia est réservé aux **piétons.** Restaurées, rénovées, envahies par les tavernes, les boutiques et les touristes, ces « fausses » vieilles ruelles serpentent entre des maisons rappelant l'architecture d'une époque révolue. A voir, sans y rester trop longtemps, car les rues sont très bruyantes !

◆ Maison de Hadjigeorgakis Kornessios

20, rue Patriarchou Grigoriou. Ouverte du lundi au vendredi de 8 h à 14 h et le samedi de 9 h à 13 h, fermée le dimanche. Entrée payante.

Le bâtiment vénitien, reconstruit au XVIIIe siècle, était la demeure du drogman chargé des relations entre l'occupant turc et la population grecque. L'homme était riche et considéré. Dans cette maison, il faut notamment voir la salle de repos (et de loisirs) avec ses profondes banquettes recouvertes de tissu rouge et jaune et de gros coussins. Les meubles sont d'époque et traduisent l'opulence dans laquelle vivait Hadjigeorgakis. Aujourd'hui, la maison abrite un petit musée ethnologique.

◆ Musée Leventis

17, rue Ippokratous, près de Laïus Yitonia. Ouvert du mardi au dimanche de 10 h à 16 h 30. Entrée libre.

Ce nouveau musée, installé sur deux étages dans une **maison restaurée,** est dédié à la vie quotidienne de Lefkosia des temps anciens jusqu'à nos jours. Cartes, manuscrits, armes et mannequins de cire ressuscitent l'histoire de la capitale de Chypre. Ce musée, dont la conservatrice parle français, présente au fil de l'année des expositions temporaires qui sont bien souvent passionnantes ; la littérature, l'architecture, l'urbanisme et le vin ont ainsi été récemment des thèmes de manifestations particulièrement intéressantes.

Le drogman

Le drogman était un Chypriote qui, à l'époque de l'occupation ottomane (1571-1878), servait d'intermédiaire entre les Turcs et la population locale. Il était chargé de collecter l'impôt. La position de ce notable, qui jouait habilement sur les deux tableaux, n'était cependant pas toujours aisée, même si sa fortune était considérable. Car si le drogman avait la vie facile, ses compatriotes croulaient sous l'impôt. Le mécontentement grondait quotidiennement et les révoltes locales furent nombreuses. Mais l'Ottoman veillait. Les questions administratives étaient, elles aussi, réglées entre les Turcs et les drogmans qui parlaient alors au nom de la population. Hadjigeorgakis Kornessios eut une triste fin. A la suite d'un conflit mal élucidé il se rendit à Constantinople où en 1809 la hache du bourreau lui trancha la tête.

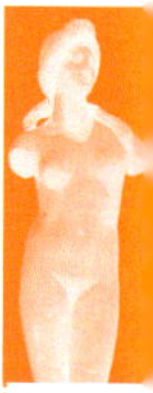

Musée de l'Orfèvrerie chypriote

7-9, rue Praxippou. Ouvert du lundi au vendredi de 10 h à 16 h 30. Entrée payante.

Le lieu incontournable pour découvrir l'orfèvrerie traditionnelle chypriote de la fin du XIXe siècle et du XXe siècle. Objets d'art sacré, bijoux, vaisselle d'argent et anciens outils des orfèvres y sont présentés.

Eglise de Trypiotis

47-49, rue Solonos, près de Laïki Yitonia. Ouvert tlj de 8 h à 12 h et de 14 h à 18 h, ainsi que pendant les offices. Entrée libre.

Construit en 1695 par l'archevêque Germanos II, l'édifice possède une vaste iconostase supportant des icônes recouvertes d'or et d'argent. Cette richesse s'explique par la fréquentation de cette église, au début du XIXe et au XXe siècle, par les notables de Lefkosia.

Aphrodite dans toute sa beauté…

Eglise d'Agia Faneromeni

Rue Onasagorou. Ouvert tlj. Entrée libre.

Elevée en 1821, c'est **la plus vaste** église de Lefkosia ! Elle est chère au cœur des Chypriotes, car s'élève dans sa cour un mausolée de marbre sous lequel reposent les évêques et les prêtres exécutés en 1821 par les Turcs.

Mosquée Omériyé

A l'angle de la rue Trikoupi et de la place Tillirias. Ouvert tlj de 10 h à 17 h. Entrée libre.

L'ancienne église augustinienne de Sainte-Marie bâtie au XIVe siècle a été convertie en mosquée en 1571, par Mustafa Pacha. Tout simplement parce qu'il croyait que le prophète Omer s'était reposé à cet endroit lorsqu'il visita Lefkosia. Il ne reste plus que des **vestiges** de cette mosquée détruite par l'artillerie ottomane lors du siège de la ville. Sa visite est surtout intéressante pour découvrir son sol, dont le revêtement est formé par des pierres tombales de l'époque des Lusignan.

Centre d'artisanat de Lefkosia

186, rue Leoforos Athalalus. Ouvert du lundi au samedi de 8 h à 13 h et de 14 h 30 à 17 h 30, d'octobre à avril et de 16 h à 19 h de mai à septembre. Fermé les mercredi et samedi après-midi.

C'est l'endroit idéal pour acheter des souvenirs : poterie, tissage et bijoux.

Hors les remparts

Musée archéologique

1, avenue Mouseiou. Ouvert du lundi au samedi de 9 h à 17 h et le dimanche de 10 h à 13 h. Entrée payante.

Dans ce musée, fondé en 1908 par les Anglais, on trouve la plus importante collection d'antiquités de Chypre, de l'époque néolithique à la période byzantine. Les collections, totalement méconnues, valent celles que l'on peut voir au musée d'**Athènes**, même si les salles trop petites de ce musée ne peuvent toutes montrer au grand jour le riche passé de l'île. De nombreuses pièces sont encore abritées dans ses réserves, et les autorités ont le projet de rénover et d'agrandir ce musée si riche. Les premières salles présentent le fond des âges de l'histoire chypriote. Admirables poteries dont les couleurs illuminent les vitrines qui les renferment. D'autres, importées de Grèce et de Syrie, témoignent des échanges qui avaient lieu au cours de la haute Antiquité dans cette partie de la Méditerranée orientale. Le sens artistique des sculpteurs de l'aube des temps est illustré par une petite idole cruciforme en stéatite gris vert, datant de près de 3 000 ans av. J.-C. et découverte dans la région de Pafos. Non loin, un petite terre cuite représente une énigmatique cérémonie sacrée, célébrée dans un enclos. Cette pièce étonnante qui date de l'âge du bronze ancien a été trouvée dans **une tombe de la nécropole de Vouni.**

La salle IV

Elle possède une impressionnante vitrine guerrière : deux mille statuettes en terre cuite, du VIIe siècle avant notre ère et découvertes à Agia Irini. Une **armée de soldats** prêts à attaquer un ennemi, sorti, comme elle, de la nuit des temps.

Suivez le guide !

Au détour d'une salle, une statue en bronze représente un dieu à la tête ornée de cornes. Cette représentation rare est encore un mystère pour les archéologues.

La salle V

Elle accueille le visiteur avec une série de statues dont la plus célèbre et la plus belle est le marbre **d'Aphrodite**. Trouvée à Soli, elle date du 1er siècle av. J.-C. Grâce à ses formes sensuelles et très proportionnées, elle figure sur toutes les publicités évoquant Chypre. A ses côtés, « un Eros endormi », qui s'est assoupi à Pafos, demeure une des pièces maîtresses du musée.

La salle VI

Elle est réservée aux Romains et est dominée par l'immense statue (2,08 m) en bronze de l'empereur **Septime Sévère,** entièrement nu, et trouvé dans le village de Kythréa, près de Lefkosia.

Trois autres salles montrent le résultat des fouilles d'archéologues français à Engomi, aujourd'hui occupée par les Turcs. Le musée possède aussi de riches collections d'objets de la vie quotidienne, dont un **vase à boire** (le rhyton) trouvé à Larnaka et évoquant, sur un fond bleuté et or, une chasse au taureau, des bijoux et des pièces d'or, dont certaines appartenaient au roi Evagoras Ier, souverain de Salamine. La richesse antique de cette cité, occupée aujourd'hui par l'armée d'Ankara, éclate au grand jour, salle XI, où sont exposés des vestiges d'une tombe royale : magnifique chaudron en cuivre orné de griffons, trône incrusté d'argent et lit en ivoire. Enfin, juste avant de quitter le musée, dans l'ultime salle, fixée au mur, une splendide **mosaïque,** du IIIe siècle après J.-C., représentant Léda et le cygne.

Dans Lefkosia occupée

Depuis 1974, date de l'invasion de Chypre par l'armée turque, la partie nord de l'île est occupée. Ainsi, Lefkosia est la dernière capitale au monde à être coupée en deux par un « mur ». Il est moins triste et moins agressif que ne l'était celui de Berlin, mais son efficacité est la même. Il interdit aux Chypriotes grecs de passer de « l'autre côté ». Avant d'entrer dans Lefkosia occupée, on se souviendra que deux mille Chypriotes grecs ont disparu lors de l'invasion turque, que deux cent mille d'entre eux (le tiers de la population d'alors) ont dû se réfugier dans la partie sud de l'île et que de nombreuses églises, mosaïques et icônes ont été dégradées, vendues à l'étranger ou brisées.

Lefkosia-Sud, c'est l'Occident, Lefkosia-Nord, c'est **l'Orient.** L'atmosphère du quartier turc est, en effet, totalement différente de celle de la partie grecque de la ville que l'on vient de quitter. Moins aisé et plus anarchique, le secteur a pour centre la place Kemal-Atatürk. Non loin de cette place se trouve **la mosquée Selïmyie.** C'est, en fait, **l'ancienne cathédrale gothique Sainte-Sophie** transformée en 1570 en lieu de culte musulman après la prise de Lefkosia par les Turcs.

La première pierre de cette cathédrale a été posée en 1209 par Alix de Champagne-Jérusalem, épouse du roi Hugues Ier Lusignan, et que, plus tard on appela « la Mezele » (la lépreuse). A l'heure où, en France, on élevait les cathédrales gothiques de Paris, d'Amiens et de Reims, les Lusignan, à

Suivez le guide !

Face au musée, deux superbes alignements d'immenses palmiers attendent le visiteur, et l'on prendra, pour se reposer, un verre au café *Garden*, situé juste à côté.

Les minarets ont remplacé les tours de la cathédrale gothique Sainte-Sophie, bâtie par les Lusignans.

Chypre, dressaient **Sainte-Sophie** à Lefkosia et Saint-Nicolas à Ammochostos.
Les spécialistes affirment que le dessin de Sainte-Sophie et son immense déambulatoire rappellent Notre-Dame de Paris. Il est possible que sa construction ait été menée à bien par un maître d'œuvre venu de France. Son porche à trois portes sculptées est splendide. Même si deux minarets remplacent les deux tours gothiques, même si les statues, les vitraux, le baptistère et le mobilier ont été détruits, même si le *mihrab* tourné vers La Mecque a chassé l'autel, la visite de Sainte-Sophie est émouvante. Car sous ses voûtes, les princes Lusignan, pendant près de trois siècles, ont été **couronnés rois de Chypre.**

Et si un visiteur, un peu curieux, soulève, très discrètement, le tapis qui recouvre le sol de la mosquée Soleymanie, il découvrira, rongées par le temps, les pierres tombales des chevaliers et nobles français dont l'aventure est, aujourd'hui, bien **oubliée.**
Avec Sainte-Sophie et Saint-Nicolas, Chypre est le seul pays au monde à posséder des **mosquées gothiques.**
A côté de la mosquée Soleymanie, on pourra également voir **le Bedestan** qui est l'ancienne église Saint-Nicolas-des-Anglais. Bâtie au XIIIe siècle, elle a été transformée en marché couvert où l'on vend des tissus. Très délabré, cet édifice possède encore sur son linteau des armoiries de la noblesse française de l'époque des Lusignan. Enfin, le quartier turc accueille, non loin de la place Kemal-Atatürk, **une autre mosquée, Maydar Pacha,** elle aussi ancienne église bâtie au XVe siècle et qui portait le nom de Sainte-Catherine.

Point de passage

Comme hier à Berlin, il existe un point de passage entre Lefkosia-Sud, territoire de la république de Chypre, et Lefkosia-Nord, territoire occupé par l'armée turque. Ce point de passage se situe à la porte de Pafos, en prenant juste à droite à l'entrée du sens giratoire. C'est la rue Marcou Drakou. Tout au long de la rue déserte, ce ne sont que maisons éventrées, édifices dévastés et bâtiments abandonnés. Au milieu de l'artère se trouve l'ancien hôtel Ledra-Palace. Quelques mètres plus loin, on arrive au début de Lefkosia-Nord. Une guérite attend le visiteur, qui doit, pour aller de l'autre côté, présenter son passeport à un fonctionnaire turc. Une fois passé, une ribambelle de taxis va lui proposer une visite de la ville occupée. Attention : les prix de la course, pour une journée seulement, sont à discuter et il n'est pas possible d'aller partout, certaines zones étant réservées uniquement aux militaires. Le retour, le soir, à son point de départ est obligatoire.

Les environs de Lefkosia

Depuis 1974, le nord de l'île est occupé. Il n'est donc pas possible de vagabonder comme on le désire de ce côté de Chypre. A partir de Lefkosia, il faut donc prendre la direction du sud et de l'ouest, vers la côte ou les monts du Troodos. De nombreux sites et édifices remarquables **jalonnent** ces routes qui traversent **la plaine agricole de la Mésorée,** où les arbres fruitiers et les légumes abondent. En direction de Larnaka, dans les faubourgs de Lefkosia, à Aglantzia, on rencontre des chapelles du XVIIIe siècle comme celles de Panagia et Agios Georgios (la clé est à demander au café situé à côté de ces édifices).

Aglantzia

Dans les faubourgs de Lefkosia.

Musée d'Histoire naturelle de Chypre

Fondation Photos Photadies. Sur la place du village. Ouvert du lundi au vendredi de 8 h à 16 h. Entrée libre.
Y est rassemblée une importante collection d'oiseaux, reptiles, fossiles, roches et différentes espèces marines.

Latsia

A 10 km de Lefkosia, en direction de Lemesos.

Les gorges de Kakaristra

Latsia. Visites sur demande en appelant au 02 48 84 85.
Une curiosité géologique, résultat d'une érosion millénaire !

Dali (Idalion)

A 20 km de Lefkosia, en direction de Lemesos, sur l'autoroute, sortir à Nissou et continuer pendant 3 km sur la route qui mène à Lympia.
Le visiteur est accueilli par **les citronniers** et les orangers. Sur la colline qui domine Dali se dressent les vestiges de l'une des dix cités-royaumes de Chypre : **Idalion.** Les archéologues fouillent toujours le site, et seuls les restes d'une muraille qui ceinturait la ville sont pour l'instant mis à jour. **C'est tout ce qui reste de la riche Idalion,** dont les beautés furent dispersées de par le monde. La mythologie raconte que c'est à Idalion qu'Adonis, blessé mortellement par un sanglier

A Dali, les orangers et les citronniers ont toujours coloré le paysage.

lâché par Arès jaloux, mourut dans les bras d'Aphrodite qui l'aimait passionnément. Le sang du jeune dieu se répandit dans un champ voisin et le couvrit de fleurs… Zeus, compatissant, autorisa Adonis à revoir, à chaque printemps, sa chère déesse. C'est pour cette raison qu'à cette courte saison, l'île est recouverte de coquelicots et de boutons d'or.

➤ Pera Chorio

Entre Nissou et Dali.

Ce petit village mérite qu'on s'y arrête pour son église byzantine **Agioi Apostoloi.** Peu connue, elle offre néanmoins de très belles fresques datant du XIIe siècle (la clé est à demander au café ou au pope).

➤ Potamia

Sur la route de Lefkosia, prendre à Dali la direction de Pyrogi.

Ici se trouvent les ruines du palais d'été des rois Lusignan qui côtoient les vestiges d'une église gothique.

➤ Politiko (Tamassos)

A 20 km au sud-ouest de Lefkosia, en direction de Lemesos. Tombes royales. Ouvert du mardi au vendredi de 9 h à 15 h et le samedi et dimanche de 10 h à 15 h. Entrée payante.

En traversant le quartier de Strovolos et les villages de Lakatamia, Deftera et Episcopi, on arrive à Politiko. C'est un bourg traditionnel chypriote, avec son église, son café et ses petites maisons aux tuiles rouges et aux toits plats hérissés aux quatre coins de tiges de fer, prêtes à accueillir un étage supplémentaire. **Le visiteur est au cœur de l'ancienne cité de Tamassos,** dont la renommée s'était répandue, dans **l'Antiquité,** tout autour de la Méditerranée à cause de ses fonderies où l'on travaillait le cuivre et le bronze. La déesse Athéna affirme dans *l'Odyssée* : « J'ai mon navire et j'ai mon équipage, sur les vagues vineuses, je vais à Témésa (Tamassos) chez les gens d'autres langues, troquer mon fret de fer luisant contre du bronze. »
Aujourd'hui, Tamassos, qui a honoré Apollon et Aphrodite, n'est qu'un champ de fouilles archéologiques.

Suivez le guide !

Le mystère entoure toujours les impressionnantes tombes royales de Tamassos, qui datent du VIe siècle av. J.-C. : nul ne sait qui a creusé et décoré cette nécropole.

◆ Couvent d'Agios Irakleidios

Politiko, à 500 m des tombes royales. Visites le lundi, mardi et jeudi de 9 h à 12 h.

Détruit et reconstruit à plusieurs reprises, ce monastère porte le nom du saint homme qui a accueilli à Tamassos saint Paul et saint Barnabé. Les religieux qui vivent dans ce couvent veillent jalousement sur leurs icônes et leurs mosaïques datant du premier âge du christianisme.

Monastère de Machairas

A 40 km au sud de Lefkosia, en passant par les villages de Deftera et Pera. Visite : en groupe le lundi, mardi et jeudi de 9 h à 12 h. Entrée payante. On peut également de Tamassos se rendre à Machairas à distance d'environ 10 km sur des routes secondaires.
Bâti au XIIe siècle et blotti dans un creux de montagne qui appelle au respect et au silence, Machairas est un des **monastères** les plus intéressants de l'île. La règle y est aussi stricte que les icônes gardées dans la chapelle sont brillantes. On peut voir dans la sacristie de vieux livres et les manuscrits du monastère. En visitant Machairas, on n'oubliera pas que celui-ci a été un haut lieu de la lutte pour l'indépendance. A quelques mètres du monastère apparaît, en effet, l'entrée de la grotte où, le 3 mars 1957, Grégoire Afxentiou, un des chefs du combat contre les Anglais, choisit de se laisser brûler vif plutôt que de se rendre aux soldats de Sa Majesté britannique. Une vitrine montre certains objets personnels du résistant qui, poursuivi par les troupes anglaises, avait trouvé refuge dans le monastère.

Fikardou

A 1,5 km à l'est du village de Gourri, par la route qui va du monastère de Machairas à Lefkosia.
C'est un très beau village restauré, à l'architecture du XVIIIe siècle. Afin de sauvegarder le style et les boiseries des maisons rurales d'autrefois, le site a été déclaré « zone protégée ». A voir absolument, avec leur balcon et leurs pan de bois, les demeures de Katsinioros et d'Achilleas Dimitri construites, elles, au XVIe siècle. La restauration de l'ensemble du village a reçu le prix « Europa Nostra » 1987. Une belle balade dans la Chypre d'hier.

Eglise de Peristerona

A 27 km de Lefkosia sur la route du Troodos. Ouvert tlj, horaires variables.
Bâtie au Xe siècle, cette église, située au bord d'un torrent, dédiée à saint Barnabé et à saint Hilarion, est l'une des plus anciennes de l'île. Cinq dômes disposés en forme de croix traduisent la vigueur de l'architecture byzantine. Des icônes du XVIe siècle et de belles portes sculptées attendent, à l'intérieur, le visiteur.

Souvenirs médiévaux

Avant d'arriver à Peristerona, en venant de Lefkosia, le village d'Akaki possédait au XIVe siècle un rendez-vous de chasse construit par le roi Lusignan Henri II ; il fut, au siècle suivant, le fief et la propriété du Sicilien Nicolas Morabit, un fidèle de Catherine Cornaro, la dernière reine de Chypre.
Au sud d'Akaki, la route butte sur un torrent et s'arrête au village de Minakon, ancien domaine du seigneur français Henri de Giblet. Ce vicomte de Lefkosia a été l'âme du complot qui, en 1369, provoqua l'assassinat du célèbre roi Lusignan Pierre Ier.

Le Troodos

C'est le cœur historique et spirituel de l'île. C'est aussi, l'été, un refuge pour se reposer de la chaleur qui accable Chypre. Facilement accessible, ce massif montagneux, qui culmine à près de 2 000 m à la cime du mont Olympe, occupe la partie ouest de l'île. Sur ses pentes ou dans ses vallées, le promeneur découvre de superbes monastères et de très belles églises byzantines, ainsi que de pittoresques villages en terrasses accrochés au flanc de la montagne. Trois régions composent le Troodos : la Pitsilia, la vallée de la Solea et la vallée de la Marathasa. Le massif est doté de bonnes routes qui le relient à Lefkosia, à Lemesos et aux plages du sud. Des sentiers de randonnée ont été récemment tracés dans la montagne. Longs de 3 à 9 km, ils offrent de nombreux sujets d'intérêt aux botanistes, aux naturalistes, aux ornithologues… ou aux simples promeneurs. On y trouve notamment des plantes et des fleurs endémiques à la seule région du Troodos. Les principales stations estivales sont Troodos même, à 1 500 m d'altitude, Prodromos (1 530 m) où l'on trouve les meilleures pommes et prunes de l'île, Platres (1 230 m), point de départ de nombreuses excursions à travers la forêt, Pedoulas (1 200 m), Kakopetria et Galata (730 m), Kalopanayiotis (760 m) et enfin Agros (1 265 m).

Vallée de la Pitsilia

Sur le versant est du Troodos, très facilement accessible à partir de Lefkosia ou Lemesos, la région de la Pitsilia est une des plus intéressantes de l'île. Parmi les vignes, les champs d'amandiers et les étendues de **fleurs sauvages,** s'égrènent des petits villages hors du temps…

➤ Louvaras

A 28 km au nord de Lemesos, en direction de Zoopigi, en passant par Palodeia et Gerasa. A droite, prendre la direction d'Apsiou et par une route secondaire on arrive à Louvaras.

◆ Eglise d'Agios Mamas

Au centre du bourg. Ouvert tlj, horaires variables. Entrée libre.
Construite en 1455, elle possède de superbes fresques signées par **Philippe le Goul,** un artiste libanais qui connut son heure de gloire à la cour des Lusignan. Sa particularité était son goût pour les couleurs vives dont le rouge, omniprésent dans ses œuvres.

Le Troodos, un refuge

Ce sont les vallées isolées et les pentes des monts sauvages du Troodos qui ont accueilli au fil des siècles les moines byzantins venus y peindre leurs icônes et y protéger leurs manuscrits. Souvent chassés par des seigneurs, ou condottieri, partis à l'assaut de l'île, ils furent au VIIIe siècle rejoints par d'autres moines, venus de Constantinople, et fuyant la querelle des Images. Ces religieux refusaient en effet de se plier à la volonté des empereurs Léon III et Constantin V qui les obligeaient à détruire les icônes et leur interdisaient d'en peindre. Enfin, plus récemment, lors de la lutte pour l'indépendance, le Troodos a été, de 1955 à 1959, le centre de la résistance à l'occupation anglaise.

Suivez le guide !

Goûtez sans hésiter aux deux spécialités de la région : le jambon fumé aux herbes, et le *soudjouko*, du jus de raisin aux amandes que l'on déguste avec du cognac.

➤ Platanistassa

A une trentaine de km au nord de Louvaras.

◆ Eglise Stavros tou Agasmati

A 3 km du village de Platanistassa et à 30 km de la route Lefkosia-Astroméritis, à gauche avant d'arriver au village de Peristerona. Les visiteurs peuvent demander la clé de l'église au pope du village.
L'église de la Sainte-Croix a été construite au XVe siècle. Elle est remarquable par son toit originel à dôme, recouvert d'un autre toit à double pente. On retrouve, sur ses murs, la patte de Philippe « le Goul », qui signe les ensembles de fresques du XVe siècle les plus complets de Chypre.

➤ Agros

A 45 km au nord de Lemesos, et environ 60 km au sud de Lefkosia.
Agros est le centre administratif de la région. Son climat est sec et très sain. De nombreux potagers et vergers ceinturent le village. **Les sources** abondent. L'une d'entre elles, juste à la sortie du bourg, est réputée offrir l'immortalité à celui qui boit son eau. Sur l'emplacement de l'église actuelle, du XIXe siècle, était bâti, jadis, le monastère de **la Panayia Eleousa,** fondé au IXe siècle, par des moines venus de Constantinople.

Omodhos : un village à vin qui sait aussi réaliser des poteries.

Palaichori

A 45 km au sud de Lefkosia, sur la route Lefkosia-Agros-Lemesos, à 3 km au sud-est d'Askas.

Construit sur les flancs de deux collines, ce charmant village conserve le souvenir de la lutte pour l'indépendance avec son impressionnant monument à la gloire de la « mère patrie chypriote ». Il est surtout intéressant pour ses deux églises

Eglise tou Sotiros

Demander la clé au pope du village.

Cette église de la Transfiguration du Sauveur est une chapelle construite au début du XVIe siècle sur la hauteur qui domine le village. L'intérieur est tapissé de fresques du XIe au XVIe siècle.

Eglise de la Panayia Chrysopantanassa

Demander la clé au pope du village.

Remarquable de par sa construction basilicale, elle possède quatre ensembles de fresques qui hélas n'ont encore pas été restaurés.

Lagoudhera

Aux abords du village de Lagoudhera, à 15 kilomètres d'Agros et à 9 km de la route Kakopetrio-Troodos-Lemesos, au carrefour de Karvounas.

Une île semi-aride

La question de l'eau est au centre du développement de Chypre. Semi-aride, l'île a toujours souffert de la sécheresse. Le gouvernement chypriote a donc lancé une ambitieuse politique de construction de barrages, qui fera passer les réserves de l'eau de l'île de 6 000 000 m^3 à 325 000 000. Les principaux barrages sont ceux de Yarmasoyia, dans la région de Lemesos, Vassilikos-Pendaskinos entre Lemesos et Larnaka, Alassa, près de Lemesos, et Dasprokremmos dans la région de Pafos. En 1960, toutes les villes de l'île étaient approvisionnées en eau courante mais seulement 15 % des villages. Aujourd'hui, toutes les maisons, à la ville comme à la campagne, possèdent l'eau courante. D'autre part, deux usines de dessalement d'eau de mer ont été construites, d'autres sont en projet.

◆ Eglise de la Panayia tou Arakou

Demander la clé au pope.

Une merveille de l'art byzantin ! Cette église de la Vierge d'Araka a été bâtie en 1192 exactement, année où les Lusignan s'installent dans l'île. Remarquable à plus d'un titre, elle possède un toit surmonté d'un dôme et recouvert d'un autre toit à double pente. Le style comnémien tardif s'illustre dans un magnifique Christ pantocrator et trouve ici une profonde parenté avec les représentations que l'on admire dans toute la Grèce, les Balkans et la Russie. Il faut également s'attarder sur sa Nativité, ses anges, ses enfants Jésus et son iconostase, décorée d'un feuillage verni. **Les spécialistes de l'art byzantin** considèrent cet édifice comme un des plus intéressants de l'île avec ceux d'Asinou et d'Agios Nikolaos à Kakopetria.

➤ Spilia

A quelques km de Lagoudhera en remontant vers Kakopetria. Pour la visite du pressoir, il faut demander la clé à l'association des Chypriotes d'outremer, qui est dans la maison voisine.

Il faut absolument visiter l'*eliomyios* (pressoir à olives). Abrité dans un bâtiment à pièce unique au toit pentu, ce pressoir datant du XIXe siècle possède un mécanisme en bois et une meule de pierre très bien conservés. Divers outils et objets utilisés pour la production de l'huile y sont exposés.

➤ Pelendri

A 3 km au-dessous du village de Kato Amiantos, à 32 km de Lemesos.

En dehors de ses deux églises, ce village plonge aussi le visiteur dans **l'histoire.** Il était, dans la seconde moitié du XIe siècle, le fief de Jean de Lusignan, prince d'Antioche, fils d'Hugues IV, le roi de Chypre.

◆ Eglise tou Timiou Stavrou

Horaires variables. Demander la clé au pope du village. Pour la visite du musée, s'informer au : 05 53 22 52.

Construite au XIIe siècle, et agrandie au XIVe siècle, l'église de la Sainte-Croix ne fut décorée d'une série complète de fresques qu'au XVIe siècle. Toujours aussi superbes, elles constituent le clou

La fresque est omniprésente sur les murs des églises et chapelles orthodoxes.

de la visite et tapissent la nef et les deux contre-allées. L'église abrite le Musée ecclésiastique, qui expose une belle série d'icônes et d'objets religieux.

La vallée de la Solea

A cinquante kilomètres de Lefkosia, mais aussi de Lemesos, en passant par Kato Amiantos et Saïttas, la vallée de la Solea, colorée par des milliers de pommiers, abrite deux stations estivales qui sont aussi de pittoresques villages, Kakopetria et Galata. Ici, les églises byzantines déploient leur faste et leurs couleurs.

➤ Kakopetria

A 50 km à l'ouest de Lefkosia et Lemesos.

Les lefkaritika... *ces dentelles aux figures géométriques ont toujours été proposées aux visiteurs et aux amateurs, y compris à Léonard de Vinci !*

Mines d'amiante

La vie économique de Pelendri a été principalement liée à l'exploitation des mines d'amiante, accrochées aux flancs de la montagne. Lawrence Durrell, qui a vécu près de trois ans à Chypre, a écrit à propos de ces mines : « Les maisons, les ateliers et les entrepôts étaient recouverts d'une poudre blanche comme après une forte chute de neige. Un paysage lunaire. » On trouve le souvenir de cette exploitation dans les noms de certains villages environnants, comme celui de Kato Amiantos. Ces mines sont désormais fermées.

Capitale de la vallée de la Solea, Kakopetria est le village où les habitants de Lefkosia font traditionnellement escale quand ils « montent » dans le Troodos. Déclaré zone protégée, le vieux quartier du village a été restauré avec goût. Dans *Citrons acides*, Lawrence Durrell écrit : « Kakopetria replié sur lui-même, enroulé sur le bord d'un torrent de montagne, à l'ombre d'énormes peupliers blancs, exhale une paix enchanteresse. » De vieilles maisons restaurées accueillent le visiteur et lui donnent le goût de **la Chypre de jadis.** Au gré des vieilles ruelles, les bâtiments en pierre avec poutres apparentes côtoient des balcons en bois fleuris. Il faut se laisser bercer par la musique de sa cascade d'eau fraîche, près du moulin.

◆ Eglise Agios Nikolaos tis Stegis

A 5 km au nord de Kakopetria. Ouvert tlj de 9 h à 16 h. Entrée libre.

Entre les pins et les peupliers apparaît l'église Saint-Nicolas-au-Toit, qui appartenait jadis à un monastère. Elle est recouverte d'un toit à double pente. Des fresques datant du XIe au XVIIe siècle décorent l'intérieur de cet édifice qui est **un des plus prisés de l'île.** Il faut notamment voir sa belle *Entrée du Christ à Jérusalem*.

◆ Les autres églises

Deux autres petites églises près de Kakopetria méritent une visite pour découvrir des fresques du XVIe siècle. Tout d'abord **la Panayia Theotokos** à l'entrée du village, un peu à l'écart de la route Lefkosia-Troodos. Enfin à l'est du village, l'église d'**Agios Georgios Peracharitis** présente une série de fresques très originales.

Merci pope

Les églises accessibles par les transports en commun sont rares dans le Troodos. Car la plupart se situent à l'écart des routes principales et ne peuvent être atteintes qu'au moyen d'un véhicule privé. Du fait de la valeur des icônes et des fresques présentées, nombre d'églises, de chapelles et de monastères restent fermés. Cependant, les visiteurs peuvent toujours demander de se faire accompagner par le pope ou toute autre personne responsable que l'on trouve habituellement au café du village. Il ne faut pas hésiter à demander ce service. C'est toujours avec amabilité et gentillesse que le visiteur est accueilli et conduit là où il le souhaite.

Suivez le guide !

Dans le village de Galata, ne manquez pas l'auberge Chani Kalianon. Très bien restaurée, elle présente un bel exemple d'architecture rurale.

➤ Galata

A quelques kilomètres au nord de Kakopetria. Pour les églises, demander la clé au café ou au pope du village.

Le village de Galata et ses alentours offrent aux visiteurs trois églises et une chapelle. Les fresques de ces trois édifices religieux sont signées Syméon Afxenti, un peintre du début du XVIe siècle qui choisit Galata comme lieu privilégié d'expression de son art.

◆ Eglise Agios Sozomenos

Au centre du village. Demander la clé au pope.

Etonnante avec son toit pentu, elle possède un ensemble de fresques de style post-byzantin qui révèlent leur **influence latine.**

◆ Eglise de l'Archangelos Michaïl

Au-dessous du village. Demander la clé au pope.

Consacrée à Panayia Theotokos, cette chapelle est surmontée d'une toiture en bois. Ses murs sont recouverts de fresques du début du XVIe siècle, de style post-byzantin.

◆ Eglise de Panayia Podithou

Au-dessous du village. Demander la clé au pope.

Elevée en 1502 et recouverte d'un toit à double pente. Ses fresques

Bel exemple d'architecture traditionnelle chypriote, les églises avec plusieurs dômes.

sont le moyen de découvrir comment les artistes de l'époque ont su adapter la peinture orthodoxe au goût vénitien.

◆ Chapelle Agia Paraskevi

Entre Kakopetria et Galata.
Solitaire au bord de la route, elle date de 1514. Ses fresques rendent un hommage aux nombreux saints qui peuplent la vie religieuse de Chypre.

➤ Nikitari

◆ Chapelle de la Panayia tis Asinou

A 20 km de Kakopetria, à 5 km du village de Nikitari, sur la gauche de la route principale Lefkosia-Troodos-Lemesos. Le visiteur demandera la clé au pope du village de Nikitari.
Asinou est à l'art byzantin ce que Kourion est à l'archéologie. Une **petite merveille** entièrement tapissée de fresques du XIIe au XVIe siècle, et surtout d'une fraîcheur inattendue. A Asinou, les artistes byzantins ont déployé un art du savoir-faire comparable aux plus somptueux dessins de l'Orient grec. Une exubérance de couleurs où se détache un Christ pantocrator, entouré de la Vierge, des anges et des saints. La théologie orthodoxe a trouvé à Asinou une superbe illustration. Les spécialistes estiment qu'Asinou compte parmi les plus beaux exemples de peinture byzantine de l'île.

Vallée de la Marathasa

Ouverte sur le versant ouest du massif du Troodos, cette vallée fertile possède de nombreuses stations de villégiature et est réputée pour ses cerises.

Les richesses de Chypre

Neuf églises, situées dans la montagne du Troodos, ont été inscrites au patrimoine culturel mondial par l'Unesco. Il s'agit de Stavros tou Agiasmati (près du village de Platanistassa) ; Panayia tou Arakou (Lagoudhera) ; Timiou Stavrou (Pelendri) ; Agios Nikolaos tis Stegis (Kakopetria) ; Panayia Podhitou (Galata) ; Asinou (Nikitari), sans doute la plus belle ; Agios Iaonnis Lampadistis (Kalopanayiotis) ; Panayia tou Moutoulla (Moutoullas) et l'église de l'Archangelos Michaïl (Pedoulas). Ces édifices possèdent des fresques particulièrement attachantes, traduction de la parole byzantine dans toute sa beauté et sa vérité.

Suivez le guide !

Juste aux abords de Kalopanayiotis, on peut flâner autour d'un lac artificiel empoissonné régulièrement. La pêche y est autorisée.

Les eaux thermales y abondent, notamment dans trois villages perchés à plus de 1 000 mètres d'altitude : Kalopanayiotis, Moutoullas et Pedoulas.

Kalopanayiotis

Les sources sulfureuses qui animent ce village introduisent à la visite d'une des plus célèbres églises de Chypre. En fait, un ensemble de trois édifices, deux églises et une chapelle, qui étalent leurs fresques datant du XIIIe au XVe siècle.

Eglise d'Agios Ioannis Lampadistis

Sur la route Lefkosia-Troodos, à 85 km de la capitale, prendre à gauche en direction de Kalopanayiotis. Ouvert tlj, horaires variables.

Dans l'église Saint-Jean, on découvre le tombeau d'un moine, mort aveugle à 25 ans et par la suite canonisé. L'une des plus importantes **fêtes religieuses** de la vallée se célèbre ici le 4 octobre, jour de la Saint-Jean selon le calendrier orthodoxe.

Moutoullas

A 2 km de Kalopanayiotis, en direction de Pedoulas.

Le village de Moutoullas, bâti en terrasses sur les pentes de la montagne, possède une tradition artisanale encore très vivace. Les habitants continuent, comme ils le font depuis des années, à travailler le bois. Notamment en confectionnant toutes sortes d'objets, mais aussi, spécialité de Moutoullas, des pétrins à pain, taillés dans des troncs d'arbres.

Eglise de la Panayia tou Moutoullas

Pas d'horaires d'ouverture. Demander la clé aux habitants de la maison voisine.

Cette petite chapelle consacrée à la Vierge est l'une des plus anciennes possédant un toit à double pente. Ses fresques datent de 1280.

Pedoulas

A 3 km de Moutoullas, en grimpant vers le sommet du Troodos.

Aussi bleue que le ciel, on peut voir cette belle porte dans le village de Pedoulas.

Les villages à vin

Depuis l'Antiquité, l'île a toujours produit du vin. « Ce bon vin de Chypre », rimait Verlaine. Les villages à vin (Krasochoria) sont, naturellement, situés sur le versant sud du Troodos. On arrive à ces villages, où de nombreuses fêtes sont organisées à la fin de l'été, par la route Lemesos-Pafos, en tournant à droite après le village d'Erimi ou par la route Lemesos-Platres. Ces bourgs, où il fait bon vivre, portent les noms de Pachna, Koilani, Arsos et Omodos, avec son vieux monastère de la Sainte-Croix, et Vasa, avec ses maisons de pierres sombres aux toits de tuiles rouge foncé. Dans cette région, le village de Foini est célèbre pour sa poterie et pour son exposition privée consacrée à la viticulture, visible au musée local Pilavakio.

Pedoulas est réputé dans toute l'île pour ses cerises, mais aussi pour son église.

◆ Eglise d'Archangelos Michaïl

Les visiteurs peuvent demander la clé aux habitants de la maison située juste à côté.

L'église de l'Archange-Saint-Michel date de 1474. Ses fresques sont animées par un éclatant saint Michel qui domine l'église par sa vivacité.

› La route des monastères

De Pedoulas, on rejoindra le cœur du Troodos à Prodromos, puis Platres. Une immense forêt de pins s'étale sur les pentes des monts qui peuplent la montagne. **L'odeur de l'écorce** et des plantes sauvages embaume l'atmosphère. C'est sur ces routes, enneigées l'hiver, et où serpente la forêt, que se trouvent trois monastères parmi les plus célèbres de l'île.

◆ Monastère de Kykko

A 13 km de Pedoulas, au bout d'une route, à 1 200 m d'altitude, en direction de l'ouest de l'île. Le monastère se visite en groupe.

Le plus fameux et le plus riche monastère de Chypre, et un des plus célèbres du monde orthodoxe, a été fondé au XIIIe siècle par un ermite. Plusieurs incendies ont, au cours des siècles, ravagé l'édifice. Il a donc été reconstruit à plusieurs reprises. Kykko possède une des trois icônes attribuées à saint Luc. Cette icône est aujourd'hui recouverte d'une feuille d'argent et enfermée dans un écrin en écailles de tortue et nacre, et placée sous un voile devant l'iconostase de la chapelle du monastère, dont le plafond est couvert de fresques. Dans la cour intérieure de l'édifice, les cellules des moines s'ouvrent sur une galerie dont les murs portent de superbes mosaïques. Le monastère possède un petit musée qui garde les reliques des temps passés, vases sacrés, croix serties d'or et chasses avec pierres précieuses.

La tradition et la modernité se mêlent à Kykko avec ses fresques d'hier, mais aussi celles d'aujourd'hui qui racontent la même histoire sainte, mais plus dépouillée et plus vivante. Le monastère reçut notamment la visite

de la famille royale de Grèce et fut comblé d'offrandes par les tsars de la sainte Russie. Deux grandes fêtes religieuses sont célébrées à Kykko, l'une le 15 août et l'autre le 8 septembre, à l'occasion desquelles ont lieu des foires traditionnelles.
Le premier président de la république de Chypre, l'archevêque Makarios III, vécut dans ce monastère comme novice. Selon ses vœux, il est enterré à Throni, dans une grotte creusée au sommet d'une montagne, à 3 km de Kykko, près de son village natal de Panayia, d'où l'on domine toute l'île.

La vallée des Cèdres

Après la visite du monastère de Kykko, l'aventure attend ceux qui, non loin de là, empruntent les sentiers sauvages de la vallée des Cèdres. A partir du monastère, il faut suivre sur cinq kilomètres la route qui mène à Tsakistra. Sentiers et chemins se perdent dans cette forêt qui est certainement la dernière au monde à offrir une telle promenade parmi des arbres menacés, et qui ne sont plus qu'un souvenir au Liban voisin. Ici, dans le silence, deux cent mille arbres protégés s'étalent sur des hectares et attendent le randonneur. Avant le village de Tsakistra prendre, à gauche, vers Stavros, Tis Psokas. Autour de cette station forestière vit le mouflon de Chypre, une espèce caprine unique.

Monastère de Trooditissa (la Vierge du Troodos)

A 5 km au nord-ouest de Platres et à 40 km de Lemesos, sur la route Platres-Prodromos et à 1400 m d'altitude. Fermé au public.
Ce monastère, fondé au XIIIe siècle et reconstruit au XVIIIe après plusieurs incendies, possède de nombreuses icônes dont une Vierge recouverte de feuilles d'argent. Il possède encore une ceinture de cuir, la sainte ceinture, cousue de plaques d'argent. Selon la tradition, toute femme stérile l'ayant ceint devrait, après des prières de supplications, pouvoir enfanter. Une grande fête religieuse avec foire traditionnelle y est célébrée le 15 août.

Le lait de ces chèvres permettra de fabriquer le fameux fromage local, l'haloumi.

Monastère de la Mesa Potamos

En venant de Platres sur la route qui conduit à Moniatis en direction de Lemesos.
Ce monastère est désaffecté, mais il est situé dans un **paysage idyllique** auprès d'une cascade. Idéal pour se reposer et se détendre.

La chaîne du Troodos

La chaîne du Troodos commence à l'ouest, aux villages de Panagia et de Pomos, dans la région de Pafos, traverse le centre de l'île, se termine à l'est à Stavrovouni dans la région de Larnaka et descend, au sud, jusqu'aux portes de Lemesos. Ses sommets les plus élevés sont Chionistra (mont Olympe, 1 952 m), Papoutsa (1 554 m), Kionia (1 423 m), Tripylos (1 362 m) et Kyllos (1 318 m). Ce nom de Troodos désigne également la région qui se trouve directement autour de la station estivale du même nom. Le caractère particulier de la flore est dû en grande partie aux conditions écologiques créées par les reliefs élevés, la pluviosité, les températures et la nature du sol. On y trouve également des forêts millénaires de pins noirs et de cyprès.

Avec ses 340 jours de soleil par an, Chypre offre aussi l'ombre de ses tonnelles.

➤ Un parc national unique

Le parc national du Troodos se situe au centre de l'île, et couvre une surface de **9 337 hectares.** Le massif est caractérisé par la présence de vastes forêts naturelles, une pluviosité relativement élevée (600-1000 mm), une déclivité assez forte du terrain, ainsi qu'une géologie, une flore – 770 variétés de plantes ont été répertoriées – et une faune tout à fait particulières. C'est dans cette chaîne que les rivières principales de Chypre, telles l'Ezouza, le Dhiarrizos, le Xeros, le Kouris, le Pediaios et le Yialias, prennent leur source. C'est la raison pour laquelle le Troodos a une si grande importance pour les ressources en eau de l'île.

➤ Une curiosité géologique

Géologiquement, ce massif a acquis une importance **mondiale**. Cette zone ophiolitique – composée de roches éruptives – la mieux préservée du monde est étudiée par les scientifiques afin de comprendre comment la croûte océanique est née, il y a 90 millions d'années, au fond d'une immense mer appelée mer de Téthys par les géologues. Le long des sentiers, on peut observer des roches plutoniques, résultat de la cristallisation du magma qui a eu lieu entre 2 000 et 6 000 m au fond de l'océan.

(Pages thématiques sur les sentiers du Troodos p. 93-94)

Larnaka et ses environs

Patrie du philosophe Zénon, le fondateur du stoïcisme, Larnaka est une des portes d'entrée de Chypre, et une des plus anciennes cités de la planète. Bâtie au XIIIe siècle avant J.-C. par les Mycéniens, elle a été, sous le nom de Kition, l'une des cités-royaumes les plus prospères de l'île. Un goût nostalgique et désuet flotte dans ses ruelles. Larnaka n'a pas oublié qu'au XVIIIe siècle, les consulats d'Europe avaient leur siège dans ses murs. Le front de mer, ombragé par des palmiers et animé par de nombreux cafés, offre aux visiteurs d'agréables moments.

6 km du centre-ville

10 min

TAXI 3 £

Larnaka

› Rappel historique

L'histoire de Larnaka se perd dans la nuit des temps. Son premier nom, Kition, apparaît à plusieurs reprises dans l'Ancien Testament et, selon la légende, la cité aurait été fondée par Kittim, arrière-petit-fils de Noé. L'appellation de Larnaka apparaît à l'époque moderne, en souvenir des nombreux sarcophages (en grec *larnax*) découverts sur son site.

Du fait de sa position géographique, la cité a toujours été convoitée. Phéniciens, Perses, Romains, Arabes, Français, Vénitiens, Turcs et Anglais ont soumis ce port à leurs activités et à leur commerce. Kition a connu son fait d'arme en 440 av. J.-C. quand Athènes tenta de libérer l'île de la domination perse. Le général grec, **Kimon,** fut tué lors du siège de Larnaka. Son souvenir est évoqué sur la promenade des Palmiers, le long du

front de mer, avec un buste en marbre blanc sur le socle duquel est écrit : « même mort, il fut victorieux ». Longtemps port principal de l'île et capitale diplomatique, Larnaka voit son importance décroître après la Première Guerre mondiale au profit de Lemesos. Mais riche aujourd'hui de près de 55 000 habitants, la ville connaît un regain d'intérêt avec son aéroport international au cœur des liaisons entre l'Europe et le Proche-Orient. Cet aéroport, où peuvent atterrir tous types d'avions, a été créé après 1974 pour remplacer celui de Lefkosia.

Le front de mer

Larnaka possède un long et agréable front de mer ombragé par des palmiers et bordé par la plage. A l'une de ses extrémités, l'on trouve une marina, et à l'autre un **élégant petit fortin** construit par les Ottomans. C'est sur cette promenade animée par de nombreuses tavernes à ciel ouvert qu'il faut, en fin de journée, s'arrêter à une terrasse aérée par le vent du large, et déguster un ouzo ou un verre de vin blanc frais. Un moment paisible, troublé parfois par les estivants bruyants qui reviennent de la plage.

Centre culturel

Plateia Evropis - promenade du front de mer. Galerie d'art municipal ouverte du mardi au vendredi de 10 h à 13 h et de 17 h à 20 h de mai à sept. et de 10 h à 13 h et de 16 h à 18 h d'oct. à avril. Musée de Paléontologie ouvert du mardi au vendredi de 10 h à 13 h et de 17 h à 20 h, samedi de 10 h à 13 h. Entrée payante.

La municipalité de Larnaka a eu l'excellente idée de transformer en centre culturel, après les avoir restaurés, charpentes en bois et pierres apparentes, cinq entrepôts des douanes de **l'époque coloniale** (1881), qui ont également servi de hangar pour bateaux. Ce centre accueille notamment des expositions de peintures, de sculptures ou de photos. Il abrite également le musée de Paléontologie de Chypre où sont exposés des fossiles d'éléphants et d'hippopotames nains qui vivaient, autrefois, sur l'île.

Musée Piéridès

4, rue Zinonos Kitieos, à deux pas de la marina et du front de mer. Ouvert du 1er octobre au 14 juin, du lundi au vendredi de 9 h à 13 h et de 15 h à 18 h. Samedi de 9 h à 13 h. Du 15 juin au 30 septembre, du lundi au samedi de 9 h à 13 h et de 16 h à 19 h. Entrée payante.

Ce musée privé, le plus ancien de Chypre, est en fait une belle demeure, caractéristique de l'architecture locale du XIXe siècle, et qui offre aux visiteurs plus de trois mille objets grecs, romains et byzantins, ayant appartenu à la famille Piéridès qui commença cette collection en 1850. Cette dernière est aujourd'hui propriété de la municipalité de Larnaka.

Suivez le guide !

Durant l'occupation ottomane, un coup de canon tiré des remparts du fort de Larnaka saluait l'arrivée de chaque navire « appartenant au souverain chrétien ».

Suivez le guide !

Près du fort, vous pourrez voir la mosquée Touzla, qui est en fait une ancienne église médiévale.

◆ Le fort de Larnaka

A l'extrémité du front de mer (à l'opposé de la marina). Ouvert du 1er octobre au 14 juin, du lundi au vendredi 9 h à 13 h, le samedi 11 h à 13 h, du 15 juin au 30 septembre du lundi au samedi 9 h à 13 h et de 16 h à 19 h. En hiver, du lundi au vendredi 9 h à 17 h, en été, du lundi au vendredi 9 h 30 à 19 h 30. Entrée payante.

Musée médiéval de la ville, ce fort a été bâti en 1625 par les Turcs et a subi au fil des siècles de nombreuses reconstructions. Les Anglais l'utilisèrent comme prison durant les premières années de leur domination. L'édifice a de l'allure et sa cour intérieure, gardée par une rangée de **vieux canons,** accueille, l'été, des représentations théâtrales. Un escalier qui grimpe à l'intérieur des murs aboutit à la terrasse du fort, d'où l'on a une vue splendide sur la mer.

◆ Eglise Agios Lazaros

Plateia Agiou Lazarou. Ouverte d'avril à août, du lundi au samedi 8 h à 12 h 30 et de 15 h 30 à 18 h 30, de septembre à mars, du lundi au samedi 8 h à 12 h 30 et de 14 h 30 à 17 h. Entrée payante.

Saint Lazare est le saint patron de Larnaka, il s'installa dans la cité à la résurrection du Christ et y vécut pendant trente ans. Le tombeau du saint, que l'on peut toujours voir, repose sous une très belle église byzantine dont les fondations datent de l'an mil. Restauré au XVIIe siècle, cet édifice à **trois coupoles** possède une superbe iconostase, bel exemple de sculptures sur bois baroques, et plusieurs icônes datant du XVIIe-XVIIIe siècle. Des chapiteaux des premiers temps de notre ère coiffent les piliers de l'église.

◆ Musée archéologique

Plateia Kalogreon. Ouvert du lundi au samedi de 9 h à 17 h, dimanche de 9 h à 13 h. Entrée payante.

L'histoire de la cité est racontée du néolithique au Moyen Age par des poteries, des verreries romaines, des bijoux en or et des sculptures, notamment des statues votives.

Un saint très convoité

Chassé de Terre sainte avec ses sœurs Marie et Marthe, Lazare, le ressuscité, débarque selon la légende à Kition. Saint Barnabé le consacre évêque de la cité où il vécut trente ans. A la fin du IXe siècle, on découvrit un tombeau portant l'inscription « Lazare, ami du Christ ». Emoi dans la population. L'empereur byzantin Léon VI décide la construction d'une église sur les lieux mêmes où fut trouvé l'hypogée mais cet empereur, très chrétien, emporta, pour se dédommager, les restes de Lazare à Constantinople. Au XVIe siècle, les Ottomans, qui gouvernaient l'île, vendirent l'édifice à la communauté grecque. C'est ainsi que, pendant les deux siècles qui suivirent, Saint-Lazare accueillit à la fois le culte catholique et le culte orthodoxe. Aujourd'hui, seul ce dernier y est pratiqué.

◆ Site de Kition

A 500 m au nord-est du Musée archéologique, à l'extrémité d'un jardin. Ouvert du lundi au vendredi de 9 h à 14 h 30. Entrée payante.

Une partie de la ville de l'âge de bronze a été fouillée, révélant des restes architecturaux datant du XIIIe avant J.-C. La cité reconstruite par les Achéens a laissé pour souvenir d'énormes pierres du mur cyclopéen, ainsi que des vestiges de cinq temples dédiés à Artémis, Aphrodite et Apollon, communiquant avec des ateliers où l'on travaillait le cuivre. Ces fouilles ne sont guère parlantes et s'adressent surtout aux habitués des manuels d'archéologie.

Suivez le guide !

A deux pas de l'église Saint-Lazare, entre les rues Ermou, Leondos, Dhimotikis Aforas et Karsoli Dhimitrion, s'est ouvert un marché cerné par des ruelles peuplées d'artisans, de bazars et de bijouteries. De l'or et de l'argent pour toutes les bourses !

Le tekke

Dominé par un haut minaret, le tekke de hala sultan apparaît noyé dans les eucalyptus et les citronniers. L'intérieur de cette petite mosquée est vide, blanc, sans aucune tache, et le sol recouvert de tapis. Le tombeau de Umm Haram est protégé par trois grosses pierres dont l'une proviendrait de Jérusalem. La mort de cette « parente » du prophète n'a rien que de très banal : elle se brisa le cou en tombant du mulet sur lequel elle était assise. Une histoire simple pour un endroit béni, d'une grande sérénité.

Les environs de Larnaka

➤ Le lac salé et le tekke de hala sultan

A 3 km à l'oust de Larnaka. Ouvert en été tlj de 9 h à 19 h 30, en hiver tlj de 9 h à 17 h 00. Entrée libre.

A la sortie de l'aéroport de Larnaka, la route longe un immense lac salé qui accueille de novembre à mars des milliers d'oiseaux migrateurs, dont des flamants. Autrefois, on y recueillait du sel. Sur les rives de ce lac, sur la route du village de **Kiti**, niché dans les palmiers et les cyprès, se dresse **le tekke de hala sultan.** Une mosquée bâtie en 1816 sur la tombe de Umm Haram,

Le tekke de hala sultan est un des lieux saints de l'islam.

parente supposée du prophète qui mourut à cet endroit en 649 en participant à une razzia arabe sur Larnaka. Le *tekke* est pour les musulmans le quatrième lieu saint en importance pour les pèlerinages après La Mecque, Médine et al-Aqsa à Jérusalem.

Près de l'aéroport, le lac salé accueille en hiver des flamants.

Kiti

A 11 km de Larnaka en direction de Lemesos.

Eglise Angeloktisti

Dans le village.

A droite, en entrant dans le village, on découvre cette église byzantine, « bâtie par les anges ». Sur le mur intérieur apparaît une superbe mosaïque du VIe siècle représentant la Vierge Marie entre deux archanges et qui peut, selon les spécialistes, rivaliser avec celles de Ravenne. De belles icônes du XVe siècle complètent ce **décor fastueux.** A remarquer sur la façade de l'édifice trois têtes de lions qui sont les armoiries du noble français Henri de Giblet qui bâtit en 1350 le narthex de l'église.

Chapelle royale de Pyrga

A 32 km de Larnaka, en direction de Lefkosia. Ouvert tlj « aux heures décentes » ; il faut demander la clé au café à côté de la chapelle. Entrée gratuite.

Voici dans un village, qui n'a rien de particulier, cette chapelle, un des **rares vestiges** de l'époque des Lusignan. Elevée en 1421 par le roi Janus, cette chapelle gothique possède une fresque émouvante représentant le souverain et la reine Charlotte de Bourbon agenouillés au pied de la croix. C'est la seule représentation de ce roi qui existe. Les inscriptions de la fresque sont en français, mais l'iconographie et le style appartiennent à la tradition byzantine. C'est tout ce qui reste d'un règne malheureux, puisque le roi Janus sera retenu un an dans les prisons du Caire. Il sera libéré contre le versement d'une rançon récoltée auprès de l'ordre des hospitaliers et des paysans de la région de Pafos. Il mourra en 1432 après un règne éprouvant, qui aura vu notamment une partie de la population s'élever contre son souverain.

Monastère de Stavrovouni

A 40 km de Larnaka. De Pyrga, on longera l'autoroute en direction de Lemesos et après avoir parcouru 9 km, on tourne à gauche pour atteindre le monastère. Les hommes y sont admis tlj du lever au coucher du soleil sauf entre 12 h et 13 h 30 (15 h, l'été). Le

14 septembre, jour de l'exaltation de la sainte croix, ont lieu d'imposantes cérémonies. Accès interdit aux femmes.
Le monastère se dresse sur un piton rocheux à 700 m d'altitude. **La vue est magnifique sur la plaine de la Mésorée, le cap Kition et les monts du Troodos.** C'est « le mont de la Croix ». Selon la tradition, Hélène, la mère de Constantin le Grand, de retour de Terre sainte aurait fondé le monastère en 327, en y laissant un morceau de la sainte croix. Cette relique toujours visible est enfermée dans une croix de bois du XVIe siècle, recouverte d'argent et gravée de scènes bibliques. Les moines obéissent à une règle comparable à celle du mont Athos et se consacrent à la **peinture d'icônes** en dehors de leurs heures de prière.

➤ Lefkara ❤

A 40 km de Larnaka, sortir à Skarinou sur la droite de l'autoroute Lefkosia-Lemesos.

A l'entrée de Lefkara, une des ruelles blanches qui conduisent aux dentellières et à l'orfèvrerie.

Lefkaritika

Ce nom donné sympathiquement aux broderies de Lefkara résume toute l'histoire du village depuis des siècles. De tout temps, on a brodé dans ce gros bourg. Les femmes et les jeunes filles que l'on voit, aiguille en main, seules ou en groupe sur le pas de leur porte ou à l'intérieur de leur cour ombragée et fleurie, ne font pas autre chose que ce que faisaient leur mère et leur grand-mère. Au début du siècle, les hommes du village remplissaient leur valise de *lefkaritika* pour aller les vendre dans le vaste monde. Certains, dit-on, ont fait fortune. Aujourd'hui, ce sont les touristes qui débarquent à Lefkara. Mais à Lefkosia, à Lemesos, à Larnaka ou à Pafos, des magasins vendent ces fameuses broderies aux dessins géométriques et qui sont sans doute le plus beau souvenir à rapporter de Chypre.

Au sortir d'une route qui serpente entre les oliviers apparaît Lefkara avec ses maisons de pierres aux tuiles rouges et aux balcons de bois, et ses ruelles pavées. Un village pittoresque qui, depuis des siècles, s'est spécialisé dans **la broderie géométrique** (*lefkaritika*) mondialement connue. L'histoire raconte que Léonard de Vinci aurait visité Lefkara et acheté une nappe d'autel brodée pour la cathédrale de Milan. L'orfèvrerie (bracelets, coupes et médailles) a aussi envahi les rues de ce village dominé par une charmante église du XIVe siècle.

Suivez le guide !

Tout près de Lefkara, à l'entrée du village de Vavla, les religieuses du couvent d'Agios Minas peignent des icônes, mais font aussi un miel délicieux.

◆ Musée d'Histoire naturelle

Leoforos Grigori Afxentiou. Ouvert tlj sauf le dimanche de 10 h à 16 h. Entrée payante.

Dans les jardins municipaux de la ville, ce musée présente un éventail de tous les insectes et oiseaux rares que l'on peut rencontrer à Chypre.

◆ Musée traditionnel de la Broderie et de l'Orfèvrerie

Au cœur du village. Ouvert du lundi au jeudi de 9 h 30 à 16 h. Vendredi et samedi de 10 h à 16 h. Entrée payante.

Ce petit musée a trouvé place dans la maison « Patsalos ». Restaurée, celle-ci présente différents métiers et objets consacrés à la broderie et à l'orfèvrerie. De belles pièces sont offertes à la vue des visiteurs. A voir notamment des nappes, napperons et des dessus-de-lit particulièrement remarquables, ainsi que des bracelets joliment travaillés.

➤ Le site de Choirokoitia

A 32 km de Larnaka en direction de Lemesos. Ouvert en été tlj de 9 h à 19 h 30. En hiver tlj de 9 h à 17 h. Entrée payante.

Le site archéologique de Choirokoitia est aujourd'hui inscrit au patrimoine culturel mondial de l'Unesco. C'est là qu'un village néolithique a été récemment mis à jour dans un état de préservation supérieur à ceux que l'on peut trouver dans toute la Méditerranée orientale. **L'authenticité des lieux** a été protégée et un centre pour visiteurs donne toutes les indications quant à l'histoire du site. Cinq habitations ont été reconstruites à proximité selon le modèle du néolithique et en respectant les méthodes et les matériaux traditionnels de l'époque. La flore que l'on peut découvrir autour de ces huttes est également représentative des plantes qui étaient cultivées en ces temps anciens.

Potamos

La route entre Larnaka et Agia Napa passe notamment par le village de Xilophalou, entre Ornideia et Agia Napa. C'est là que l'on peut prendre la bifurcation pour Potamos où vécut Rimbaud. Ce petit refuge de pêcheurs, au pied des ruines d'une tour vénitienne et arrosé par un cours d'eau qui se jette dans la mer, possédait, à la fin du XIXe siècle, une carrière où a travaillé le poète. Ecrivant à sa famille, Rimbaud affirme : « Il y a aussi à faire l'embarquement des pierres sur les cinq bateaux et le vapeur de la compagnie. Le premier village est à une heure de marche. Il n'y a ici qu'un cahot de rocs, la rivière et la mer. Pas de terre, pas de jardin, pas un arbre. » Et il conclut sa lettre : « Je ne vous donne pas mon adresse aux carrières, parce que la poste n'y passe jamais, mais à la ville, qui est à six lieues. »

Suivez le guide !

Sur la route de Lemesos se dresse l'aqueduc de Kamares. Construit au XVIIe siècle, il a été utilisé jusqu'en 1930.

De Larnaka à Agia Napa

Une route côtière, de 45 km, traversant la base anglaise de Dhekélia conduit à la pointe sud-est de l'île et à la station balnéaire d'Agia Napa. C'est le domaine des sports nautiques sur une mer limpide, des plus belles plages de sable fin de l'île, comme Protaras et Pernera près du cap Greco, des ciels lumineux, des éoliennes qui tournent à tous vents et des petites chapelles de campagne, dont on demandera la clé au café du village le plus proche pour les visiter.

Agia Napa

A 30 km de Larnaka, avant d'arriver au cap Greco, l'extrême pointe sud-est de l'île.

C'est la station balnéaire « **branchée** » de l'île. Les quatre points cardinaux de la planète des loisirs connaissent, au moins de nom, cet ancien petit port de pêche, dont la plage de sable doré est envahie par les Scandinaves, les Allemands et les Anglais. Les nuits y sont particulièrement agitées avec ses nombreuses discothèques qui ferment à l'aube ; sous le ciel étoilé et léger, on y joue à Zorba, avec de temps en temps, pour se dégourdir les jambes, un pas sous ces musiques que l'on entend dans **toutes « les boîtes » à la mode.** Un tourisme jeune et parfois débridé s'est emparé d'Agia Napa. Il existe cependant quelques havres de paix à proximité des plages dorées.

Notre-Dame-des-Forêts

Au centre du village. Ne se visite pas.

Le village possède, planté en son milieu, un gracieux monastère vénitien avec une fontaine octogonale qui repose sous un dôme soutenu par quatre gros piliers. Le bassin en marbre est décoré par d'opulentes guirlandes, agrémentées de figures humaines. Le cloître appartient au conseil œcuménique des Eglises qui accueille, toute l'année, conférences et retraites.

Musée de la Vie marine

Dans la mairie, 25, Agias Mavris. Ouvert du lundi au samedi de 9 h à 14 h. Jeudi de 15 h à 18 h. Entrée payante.

Agia Napa, enfin, possède un petit musée de la Vie marine.

Les petits ports de pêche tout au long de la côte colorent le paysage chypriote.

De nombreuses plages sont aménagées pour le tourisme, principal revenu de Chypre.

Les environs d'Agia Napa

A l'intérieur des terres, en arc de cercle, autour d'Agia Napa, et seulement à quelques kilomètres, voici les « villages à terre rouge », les « Kokkinochoria », dont la terre est d'une couleur **lie-de-vin**, due au sol imbibé d'oxyde de fer. Ces villages sont réputés dans l'île pour être de gros producteurs de légumes, surtout de pommes de terre.

Paralimni

A 10 km d'Agia Napa, en direction du nord.

Le centre administratif de la région. Ce village possède une église consacrée à la Vierge Marie, ornée d'assiettes en porcelaine datant du XVIIIe siècle. Ses plages, connues sous le nom de Protaras, accueillent les familles chypriotes et étrangères. C'est aujourd'hui une station balnéaire aussi importante qu'Agia Napa.

Deryneia

A 5 km au nord de Paralimni.

Le bourg possède trois églises, Agios Georgios (XVIIe siècle), Agia Marina (XVe siècle) et Panayia (XVIIe), à voir notamment pour ses icônes. Deryneia est le dernier village de cette région, situé juste avant la frontière de la zone occupée par l'armée turque. Sur les hauteurs de ce village, on voit, au-delà de la ligne de démarcation, Ammochostos, le port des Lusignan, la ville d'Othello et, jusqu'en 1974, l'atout majeur du tourisme chypriote.

Sotira

A 5 km de Paralimni, en direction de l'ouest.

A voir, notamment, à l'entrée du village, l'église Agios Mamas, décorée de jolies fresques du XVIe siècle. Au cœur du bourg, l'église de la Metamorphosis, tou Sotyros (XIIIe-XVIe siècle), offre à ses visiteurs des icônes intéressantes et des fresques byzantines.

Liopetri

A 10 km de Sotira en retournant vers Larnaka.

L'église Agios Andronikos, du XVe siècle, avec un dôme octogonal, offre dans son abside des fragments de fresques. Liopetri est surtout connu pour sa vannerie traditionnelle. Ici, des artisans fabriquent des paniers depuis toujours.

Suivez le guide !

A Agia Napa, le touriste est roi. Les tavernes « folkloriques » et les magasins de pacotilles abondent. Une région idéale pour la baignade et le *farniente.*

Lemesos et ses environs

C'est la région commerciale et touristique de l'île. Le béton et le vin coulent à flot à Lemesos (Limassol), qui, comme les kilomètres de plages environnantes, s'est urbanisé sans contrôle. Sa région proche avec, notamment, le site archéologique exceptionnel de Kourion, ses villages de montagne et ses forêts de pins du Troodos sont plus intéressants que la ville elle-même. Du passé, il ne reste plus que le souvenir illustré par le château médiéval, bâti au XIIIe siècle par les Lusignan sur le site d'une forteresse byzantine. Hormis les activités de son port et les plaisirs de la plage, Lemesos est surtout célèbre pour les nombreuses fêtes qui y sont organisées toute l'année. Les plus courues sont le carnaval, avant carême, et la fête du Vin en septembre. Plantée à quelques dizaines de kilomètres de la ville, la vigne, en effet, s'étend sur le versant sud des monts du Troodos. Tous les grands producteurs de vin ont leur siège à Lemesos. Ville riche et cosmopolite, l'ancien port des Lusignan a vu les investissements étrangers se multiplier, notamment de la part des Saoudiens et des Libanais. Depuis la disparition de l'Union soviétique, les Russes et les ressortissants des pays de l'Est sont nombreux à Lemesos.

Lemesos

Rappel historique

Les Lusignan l'appelèrent au XIIe siècle Limassol. Aujourd'hui, Lemesos est la deuxième ville de l'île avec 130 000 habitants. Ce port, très actif, est situé entre deux sites archéologiques, Amathonte à l'est de la ville et Kourion à l'ouest. Au cours des siècles, la cité s'est successivement appelée Neopolis, Theodosis, Nemesos et Lemesos. Après la prise d'Ammochostos par les Génois, les Lusignan firent de Lemesos le **port principal de l'île.** Une histoire mouvementée où, entre les incendies, les séismes, les inondations et les razzias, Lemesos accueillit Richard Cœur de Lion et Saint Louis, l'un et l'autre en route pour la croisade. Au XIXe siècle, Lemesos n'était plus qu'un gros bourg. Mais la viticulture, le commerce international et l'occupation depuis 1974 du port d'Ammochostos par l'armée turque ont relancé l'activité économique de la ville, en plein développement à l'aube du troisième millénaire.

Le front de mer

Hôtels confortables, résidences privées, discothèques, boîtes de nuit, restaurants et immeubles de bureau s'alignent le long d'un front de mer très urbanisé. Parfois, une petite taverne, coincée entre deux buildings, offre, mais pour combien de temps encore, le visage d'un Lemesos qui a disparu. En revenant de la plage voisine de Dhassouli, **il ne faut surtout pas hésiter à y entrer !** Et là, dans un décor suranné, il est possible de manger de l'*halloumi*, fromage de chèvre de Chypre, accompagné d'un verre de vin de l'île, qui vaut bien tous les repas des tavernes internationales ouvertes tout le long du front de mer.

Le château

Près de l'ancien port, ouvert tlj de 9 h à 17 h. Le dimanche de 10 h à 13 h. Entrée payante.

Ceint de solides murailles construites par les Vénitiens, qui voyaient en elles le dernier rempart contre les Ottomans, le château de Lemesos se dresse fièrement à l'abri du front de mer. Il abrite plusieurs constructions médiévales, mais le clou de la visite reste cependant une salle à trois nefs voûtée d'ogives qui n'a rien à envier aux plus remarquables constructions gothiques. C'est ici que Richard Cœur de Lion, en 1191, épousa et couronna reine d'Angleterre Bérengère de Navarre. Il ne faut pas hésiter à grimper sur la terrasse du fort d'où la vue sur le port et la mer est superbe.

Musée médiéval

Dans l'enceinte du château, ce musée expose poteries, pierres tombales et objets en or et en argent, ainsi qu'une collection d'armures.

Le quartier du château

Il faut se laisser aller au gré des ruelles, elles conduisent le visiteur sur la place du Marché musulman où, au milieu des senteurs épicées, s'élève une mosquée.

Musée archéologique

Suivre le front de mer jusqu'à la rue Byron. Longer le jardin public, qui aboutit à l'angle des rues Kamingos et Kyronos. Ouvert du lundi au vendredi de 9 h à 17 h. Le samedi de 10 h à 13 h. Entrée payante.

Dans ces trois vastes salles sont présentés des objets trouvés dans la région de Lemesos et datant de **l'époque du néolithique** à la période romaine.

- **Salle 1**

Ici, la part belle est donnée aux importantes collections de terre cuite. On remarquera une énorme jarre provenant du site archéologique de Kourion.

- **Salle 2**

Consacrée aux objets découverts à Amathonte, cette salle expose notamment des représentations de la déesse Astarté, femmes nues soutenant leurs seins ou bras levés, ainsi que des vases de l'époque vénitienne.

- **Salle 3**

Enfin, la salle des sculptures permet de découvrir de nombreuses stèles funéraires, ainsi qu'une belle tête d'Aphrodite provenant de Kourion.

Musée municipal des Arts et Traditions populaires

253, rue Ayiou Andreou. Ouvert du lundi au vendredi de 8 h 30 à 13 h 30. Lundi, mardi, mercredi, vendredi de 15 h à 17 h 30. De juin à septembre de 16 h à 18 h 30. Entrée payante.

C'est à l'abri de cette belle demeure superbement restaurée que l'on peut découvrir une intéressante collection d'objets ethnologiques réunie dans les années 1980. Mettant en scène les traditions et le mode de vie chypriotes, elle présente de nombreux costumes traditionnels, tapis et broderies datant en majorité du XIXe siècle.

Galerie des Beaux-Arts

25, rue Oktaviou. Ouvert du lundi au vendredi de 8 h 30 à 13 h 30. Lundi, mardi mercredi et vendredi de 15 h à 17 h 30. De juin à septembre de 16 h à 18 h 30. Entrée payante.

Construite au début du siècle, la maison d'Hegaron Tilavakis a été transformée en bibliothèque.

Suivez le guide !

En sortant de ce musée, les amateurs d'étain pourront vagabonder dans les ruelles avoisinantes où de nombreuses petites boutiques proposent plats, vases, et divers objets décoratifs.

Loin des fresques, des icônes et des vieilles pierres, une collection d'œuvres de peintres chypriotes contemporains.

➤ Sentiers

Aux portes de Lemesos, **trois petites églises** (si elles ne sont pas ouvertes, il faut demander la clé au café du village) attendent les visiteurs curieux, hors des haltes touristiques.

◆ Eglise Agia Christina

A Germasogeia, juste avant d'entrer dans Lemesos en venant de Lefkosia par l'autoroute.

Au centre du village, l'église à toit plat révèle des fresques du XVIe siècle qui viennent d'être restaurées.

◆ Eglise de la Panayia Imatiki

A Arakapas, à 25 km de Germasogeia, sur la même route en remontant vers le nord.

Remarquable avec son toit en bois, cette église, située à l'entrée du village, possède trois portes. Les fresques de style italo-byzantin datent de la première moitié du XVIe siècle, époque où les Vénitiens occupaient Chypre.

◆ Eglise Agia Anastasia

A Pano Polenidia. Juste à la sortie de Lemesos en direction de Pafos par l'autoroute.

Deux églises accolées. Une, côté est, en forme de croix carrée, datant du XIIe siècle, est surmontée d'un dôme. L'autre, coté ouest, est plus récente. Elle possède des fresques des XIVe et XVe siècles.

Les environs de Lemesos

L'histoire et les vieilles pierres, patinées par le soleil, donnent rendez-vous à ceux qui, entre deux baignades, veulent découvrir le passé de l'île. A deux pas des forêts de pins et des villages de montagne viticoles du Troodos.

➤ Amathonte

A 11 km à l'est de Lemesos. Le site archéologique est ouvert tlj en été, de 9 h à 19 h 30 et en hiver de 9 h à 17 h.

A l'entrée de Lemesos, voici les vestiges de **l'ancienne et riche cité-royaume,** qui dominent la mer, d'Amathonte. Elle a accueilli Ariane enceinte, abandonnée par Thésée à la suite de sa bataille contre le Minotaure. La cité a été longtemps vouée au culte d'Aphrodite Astarté, mais aussi à ceux d'Adonis et d'Héraclès. De cette ville, qui joua un grand rôle dans l'histoire de l'île, il ne reste qu'un énorme pan de muraille léché par la mer. C'est tout ce qui subsiste de cette fameuse cité qui prit le parti d'Alexandre contre les Perses. Le port a été englouti par les eaux, puis la ville fut définitivement abandonnée au XIIe siècle. Les archéologues, qui travaillent toujours sur le site, ont mis à jour les vestiges de cinq basiliques du début de l'ère chrétienne, notamment

de l'époque romaine, ainsi que certains vestiges de l'acropole et de l'agora.

◆ L'agora

Au détour d'un petit sentier, on devine ce qu'était le site de l'agora. Bien conservé, il offre toujours aux regards son bassin circulaire et ses deux immenses citernes.

◆ L'acropole

Après une montée d'une dizaine de minutes, on rejoint le site qui, d'après l'historien latin Tacite, était l'un des trois sanctuaires les plus vénérés de l'île. Dédié à la déesse Aphrodite, il a été victime de nombreux pillages au cours des siècles.

➤ Couvent Agios Georgios Alamanos

Avant d'arriver à Amathonte, en provenance de Larnaka et de Lefkosia, à 19 km de Lemesos.

Non loin du bord de mer, ce couvent abrite des religieuses. En dehors des heures de prières, elles se consacrent à la peinture des icônes et à l'apiculture. A voir et à goûter.

Vestige français, la tour de Kolossi est un bel exemple d'architecture militaire médiévale.

Cesnola le pilleur

Triste destin que celui d'Amathonte. Une des cités-royaumes les plus prospères de l'île et abandonnée au XIIe siècle. Le pillage peut commencer. Tout d'abord ses pierres servirent pour bâtir les villages environnants puis les belles demeures de Lemesos. Entre 1859 et 1869, les bateaux font des va-et-vient entre l'Egypte et Chypre pour transporter les dernières pierres d'Amathonte devant servir à la construction du canal de Suez. Le site est désormais dépouillé et totalement délaissé. Luigi di Cesnola, consul américain à Chypre, et aventurier avisé, fouille à la fin du XIXe siècle la ville désertée. Il découvre des sculptures et des sarcophages décorés de scènes de chasse et vend le tout au... Metropolitan Museum de New York qui présente toujours, aux visiteurs, les souvenirs d'Amathonte emportés par Cesnola.

➤ Château de Kolossi ❤

A 14 km de Lemesos en direction de Pafos. Ouvert tlj, en été, de 9 h à 19 h 30 et en hiver de 9 h à 17 h. Entrée payante.

Cette grosse tour carrée, dont les imposantes pierres brillent sous le soleil, est un **bel ensemble de l'architecture militaire française de la fin du Moyen Age**. Ses lignes sont pures, ses arêtes franches, pas de scories pour charger la pierre de décoration futile. Construit au XIIIe siècle puis rénové au XVe siècle par Louis de Magnac, commandeur de l'Ordre des hospitaliers,

Kolossi a été, un temps, possession des templiers. C'est un vestige de l'épopée française à Chypre. Cette tour massive, de 20 m de hauteur, possède, notamment, une superbe salle voûtée. A remarquer, au rez-de-chaussée, juste à droite après avoir franchi le pont-levis, une fresque très abîmée qui possède, en bas à gauche, une fleur de lys... A côté du château se trouvent les vestiges d'une fabrique de sucre datant du XIVe siècle. Les moines soldats de l'hôpital, en effet, **cultivaient les oliviers, la vigne et la canne à sucre.** Ce n'est qu'au XVIe siècle que le coton remplaça cette dernière. Les hospitaliers étendirent leur puissance sur les villages voisins et surent repousser les assauts des Génois et des Mamelouks. En 1502, ils quittèrent l'île pour se replier à Rhodes, là où était installé le quartier général de l'Ordre.

La presqu'île d'Akrotiri

Sur la route qui conduit à Pafos, juste après avoir quitté Lemesos et avant la tour de Kolossi, on peut faire un crochet par la presqu'île d'Akrotiri pour circuler autour d'un lac salé, où hivernent, d'octobre à mars, des flamants roses. Les ornithologues ou tout simplement les amoureux des oiseaux auront peut-être la chance, toute l'année, d'apercevoir les superbes et rares faucons d'Eléonore, qui survolent le cap Gata, la pointe extrême de la presqu'île. On retrouvera la direction de Pafos et de Kolossi en circulant sur une route ombragée par les cyprès et les eucalyptus.

➤ Kourion ♥

A 19 km à l'ouest de Lemesos, en direction de Pafos. Le site archéologique est ouvert tlj, en été, de 8 h à 19 h 30 et en hiver de 8 h à 17 h. Entrée payante.

S'il ne fallait voir qu'un seul site archéologique à Chypre, ce serait Kourion. Un lieu spectaculaire, entre terre et mer, où les fouilles continuent. Elles ont déjà mis à jour, sur un vaste espace, de superbes mosaïques et des vieilles pierres qui ont toutes une his-

Kourion : le mariage de la mer et de la terre découpe les côtes de l'île.

De Saul à Paul

En 45, les futurs saint Paul et saint Barnabé, venant d'Antioche, débarquent à Chypre. A Salamine exactement, où la communauté juive est la plus nombreuse. Mal accueillis, ils décident alors de traverser l'île pour se rendre dans la capitale de Chypre qui était alors Pafos et où vivait le gouverneur romain Sergius Paulus. Les premiers jours furent difficiles, puisqu'on voit toujours à Pafos le pilier où l'apôtre a été, selon la tradition, flagellé pour cause de christianisme. Avec la grâce de Dieu, les choses s'arrangèrent. Et selon les Actes des Apôtres, Saul réussit à convertir le proconsul romain, après avoir confondu un magicien qui « cherchait à détourner Sergius Paulus de la foi ». L'île devint ainsi le premier Etat à être gouverné par un chrétien. En quittant Chypre, Saul se fera appeler... Paul.

◆ L'odéon

Kato Pafos, à proximité du phare.
Restauré, peut-être un peu trop bien, ce petit odéon sert aujourd'hui pour la présentation, l'été, de spectacles théâtraux et musicaux.

◆ Eglise de la Panayia Chrysopolitissa

Kato Pafos, près du port. Ouvert tlj.
Construite au XIIIe siècle, Sainte-Marie-de-la-Ville-d'Or se dresse sur les ruines de la plus vaste basilique paléochrétienne de l'île. Le clocher est gothique et la coupole byzantine. Pour entrer dans l'église, on traverse un champ de ruines avec des mosaïques anciennes, plantées de piliers, et où, selon la tradition, se trouve la colonne où saint Paul aurait été attaché pour y être fouetté « **quarante fois moins une** ». Ce qui n'empêcha pas Paul de convertir le gouverneur romain de l'île, Sergius Paulus. C'est après son passage à Chypre que l'apôtre qui s'appelait Saul prit son nom chrétien.

Dans un décor dorique, les tombeaux des rois où ne dorment aucun souverains, mais des notables.

◆ **Tombeaux des rois**

Juste à la sortie de Kato Pafos, à environ 2 km du carrefour formé par les rues de l'Apôtre-Paul et Dhalou en direction du nord. Très bien signalé. Ouvert tous les jours, en été de 8 h 30 à 19 h 30, en hiver de 8 h à 17 h. Entrée payante.

Aucun roi n'a été enterré dans cette nécropole hellénistique du IVe siècle av. J.-C. Ce fut, en fait, la dernière demeure de notables de la ville. Cette nécropole, dans un site sauvage, au bord de la mer, abrite d'impressionnants tombeaux souterrains entièrement taillés dans le rocher. Certains ont des cours intérieures à colonnade dorique. Les premiers chrétiens trouvèrent refuge dans ces tombeaux lors des persécutions.

➤ Ville haute

Par les rues de l'Apôtre-Paul et d'Agamemnon, on remonte vers la ville haute, qui possède trois musées à ne pas négliger.

◆ **Musée archéologique**

Rue Digieni. Ouvert du lundi au samedi de 9 h à 17 h, le dimanche de 10 h à 13 h. Entrée payante.

Intéressantes collections d'objets trouvés dans la région de Pafos et qui illustrent la vie quotidienne, de l'époque néolithique au XVIIIe siècle. A voir notamment des lampes à huile, des terres cuites et des jarres.

◆ **Musée byzantin**

3, rue Ionnou, à côté de l'évêché. Ouvert du lundi au vendredi de 9 h à 17 h. De juin à septembre de 9 h à 19 h. Samedi 9 h à 14 h. Entrée payante.

Dans ce petit musée, on découvre de belles collections d'objets religieux, ainsi que la plus ancienne icône jamais

trouvée à Chypre, qui date du VIIe siècle. Celle-ci est accompagnée d'une collection d'icônes peintes du VIIIe au XVIIIe siècle. L'île, malgré les invasions, est toujours restée **fidèle** à la religion orthodoxe.

Des tortues protégées

Les pouvoirs publics chypriotes ont lancé, depuis plus de vingt ans, une vigoureuse politique de protection des tortues de mer, en particulier la tortue verte, menacée de disparition dans toute la Méditerranée. Tous les deux ans, l'été, les tortues viennent, à 3 ou 5 reprises, pondre sur les plages de Chypre. Les femelles ont leurs « nids » dans le sable, à proximité de la mer. Mais l'évolution de l'île (urbanisme et tourisme) a failli faire disparaître à jamais ces reptiles gênés dans leur tranquillité, nécessaire à la reproduction…
C'est la raison pour laquelle, le gouvernement chypriote a décidé de prendre une initiative – heureuse – pour protéger « ses » tortues.
A Lara, au nord de Pafos, sur une plage pratiquement déserte, a été installé un centre de protection de ces animaux. Les œufs des femelles sont ramassés et incubés, dans des boîtes de polystyrène, dans le sable ou encore dans des réservoirs en verre. Grâce au travail de ce centre, des milliers de jeunes tortues, la plupart baguées, sont protégées des prédateurs et du tourisme, et peuvent ainsi gagner chaque année la mer.

◆ Musée ethnographique

1 Exo Vrysi. Ouvert du lundi au samedi de 9 h à 13 h. Du lundi au vendredi de 14 h à 17 h. De mai à septembre de 15 h à 19 h. Dimanche de 10 h à 12 h. Entrée payante.

Ce musée présente des fossiles, des pierres tombales, du mobilier et des costumes traditionnels de l'époque néolithique à nos jours.

Les environs de Pafos

La partie la plus attachante de l'île avec les célèbres monastères d'Agios Neophytos et de Chrisorroyiatissa, ses plages, Coral Bay et Lara, ses charmants villages où sont conservées les coutumes et les traditions malgré les premières attaques d'un tourisme conquérant et avide de confort. Et Aphrodite veille, depuis des siècles, sur cette région.

➤ Geroskypou

Village situé à 3 km à l'est de Pafos en direction de Lemesos.

Le nom de ce village a pour origine le vieux nom de « Hieros Kypos », le jardin sacré d'Aphrodite. En fait, selon la tradition, les pèlerins débarqués dans le port de Pafos pour se rendre 14 km plus loin, au temple d'Aphrodite situé dans le village de Kouklia, faisaient une halte à Geroskypou. Dans ce jardin, par des chants et des offrandes, ils se préparaient à **l'ultime marche** qui devait les conduire au temple sacré de la déesse.

◆ Musée d'Art populaire de Geroskypou

Ouvert du lundi au vendredi de 9 h à 14 h 30, jeudi de 15 h à 17 h, sauf pendant juillet et août. Entrée payante.

Le musée d'Art populaire situé au centre du village a une collection, très intéressante, d'objets du passé de l'île : mobilier, outils, costumes et tapisseries. Ils sont rassemblés dans la maison connue sous le nom de « maison de Hadjislith ».

◆ Eglise d'Agia Praskevi

Non loin du musée. Ouvert de mai à octobre, du lundi au dimanche de 8 h à 13 h et de 14 h à 17 h. De novembre à avril, du lundi au dimanche de 8 h à 13 h et de 14 h à 16 h. Entrée libre.

Des colonnes abattues, c'est tout ce qui reste du splendide et sensuel sanctuaire d'Aphrodite, on peut toujours voir et rêver.

Ici, selon Homère, la déesse Aphrodite est née de l'écume de la vague.

Cet édifice est une des églises byzantines les plus intéressantes de l'île et dont la construction remonte au IXe siècle. Elle est surmontée de cinq dômes formant une croix et a de très belles fresques datées du IXe au XVe siècle.

◆ Sanctuaire d'Aphrodite ❤

Dans le village de Kouklia, à 14 km de Pafos en direction de Lemesos. Ouvert tlj de 9 h à 17 h. De juin à août : lundi à vendredi de 9 h à 19 h, samedi et dimanche de 9 h à 17 h. Entrée payante. Ce site se trouve dans le village de Kouklia. Il s'appelait dans l'Antiquité Palea Pafos. On y voit encore les ruines du **fameux sanctuaire d'Aphrodite** qui fut un des lieux de culte et de pèlerinage les plus importants du monde antique. Il y a cependant peu de chose à voir pour celui qui n'est pas archéologue : quelques colonnes jetées à terre et brisées. Et pourtant, que **d'étranges cérémonies** ont eu lieu sur ce site fréquenté par des milliers de pèlerins venus de toute la région de la Méditerranée orientale ! La déesse était adorée sous la forme d'un cône noir. Les officiants du temple célébraient, la nuit, éclairés par des flambeaux, des mystères à caractère dionysiaque et érotique. Les jeunes filles venaient y sacrifier leur virginité. Arrivée de Syrie,

Aphrodite

« Salut déesse, souveraine de Salamine aux belles maisons et de Chypre, l'île au large », s'exclame Homère dans son hymne à Aphrodite. Née à Petra tou Romiou, un lieu grandiose de l'île, Aphrodite ne cessera, tout au long de sa longue aventure, d'enflammer les dieux. En plus de son époux, l'affreux forgeron Héphaïstos, un boiteux jaloux, entreront, notamment, dans sa couche Zeus lui-même, Adonis, Hermès et Arès dont elle sera follement amoureuse et avec qui elle aura plusieurs enfants, dont Eros. Son culte célébré avec faste à Epidaure et à Corinthe n'atteindra jamais la magnificence et la sensualité de celui de Palea Pafos (Kouklia). Hérodote attaquera violemment « la prostitution rituelle des prêtresses de Pafos », une coutume venue de l'Asie et plus précisément de Syrie. Beaucoup plus tard, Botticelli, à la Renaissance, peindra une charmante et pudique Vénus, nom romain d'Aphrodite, dans une coquille flottant sur l'eau.

la prostitution sacrée a en effet été pratiquée à Paleas Pafos. Cette prostitution était le fait de jeunes filles, qui l'exerçaient seulement certains jours bien spécifiques de l'année, et tant qu'elles étaient célibataires. Elles reprenaient une vie normale après le mariage. Le temple d'Aphrodite a été détruit au IVe siècle par un tremblement de terre. Mais le culte avait été aboli par l'empereur byzantin Théodore. Sur le site, un musée a été ouvert dans le manoir de Covocle, ancienne demeure du XIVe siècle des Lusignan. Sous une architecture gothique, il présente des poteries et des objets antiques trouvés dans la région.

➤ Petra tou Romiou

A 25 km de Pafos en direction de Lemesos, sur le bord de la route côtière.

Un **site magnifique** et irréel qui domine la mer. Un des plus beaux lieux de Chypre. Ici, selon Homère, Aphrodite, la déesse de l'Amour et de la Fécondité, née de l'écume de la vague, fécondée par Ouranos, est sortie de la mer. De gros rochers plantés dans la Méditerranée dessinent une anse douce et colorée, le soir, par le soleil couchant. Les rochers, selon la légende, ont été lancés dans la mer par Digenis Aritas et le Romios (le Grec) pour chasser les bateaux des Sarrasins.

➤ Lempa

A 5 km au nord de Pafos en direction de Polis.

Deux importants sites de la période chalcolithique (3900-2500 av. J.- C.) sont fouillés dans les villages de Lempa et, juste à côté, de Kisonerga. A proximité du site de Lempa, des habitations de cette époque lointaine ont été reconstituées.

Suivez le guide !

Au-dessus de la mer, découvrez des tombes de la période romaine creusées dans le rocher. Un superbe site méconnu.

◆ Maa-Palaiokastro

A 9 km au nord de Pafos, baie des Coraux, en direction de Polis. Ouvert du lundi au samedi de 10 h à 16 h. Entrée payante.

Ce petit musée est intéressant parce qu'il atteste de **la présence très ancienne** de l'hellénisme à Chypre. C'est, en effet, dans cette région de l'île que les Mycéniens s'installent en 1200 av. J.-C., après la chute de leur royaume en Grèce.

Le monastère Agios Neofytos a été fondé par le « reclus » qui a creusé de ses mains sa cellule.

Monseigneur Makarios

C'est tout près du monastère de Chrysorrogiatissa, dans le village de Pano Panayia, qu'est né monseigneur Makarios. Une humble maison, au fond d'un jardin fleuri, pièces blanchies à la chaux, mobilier modeste et grosse cruche en terre. Prélat, mais aussi homme politique, monseigneur Makarios, premier président de la république de Chypre en 1960, pratiqua tout au long de sa vie politique l'art du possible. Mais ce « Grec d'il y a mille ans » entretenait une véritable passion avec son peuple. Chef charismatique de la communauté grecque de Chypre, il lutta sans relâche pour l'indépendance, pour faire connaître et reconnaître son pays dans les plus hautes instances internationales. Né en 1913, à Panayia, un village de la région de Pafos et mort en 1977, terrassé par une crise cardiaque, monseigneur Makarios ne cessera jusqu'à sa mort de réclamer le départ des troupes turques.

◆ Monastère d'Agios Neofytos ♥

A 9 km au nord de Pafos en direction de Trimithous. Ouvert tlj. Entrée libre.

La montagne préserve ce monastère, fondé au XIIe siècle par l'ermite Neofytos, originaire de Lefkara. A côté du monastère, on visite l'« Egkleistra », trois grottes creusées par l'ermite : une chapelle, un sanctuaire et sa cellule. Le tout recouvert de fresques qui datent des XIIe et XVe siècles et qui sont parmi les plus belles que l'on puisse contempler à Chypre. Les restes du saint ont été découverts en 1750, dans sa cellule, et ont été transférés dans l'église du monastère puis placés dans un sarcophage en bois. La fête du monastère a lieu deux fois par an : le 24 janvier et le 28 septembre.

◆ Pegeia

A 19 km au nord-ouest de Pafos, en direction de Polis. Dans le village, prendre une route secondaire en direction du cap Drepanon.

A proximité du petit port de pêche d'Agios Georgios se trouvent les ruines de deux basiliques paléochrétiennes du XVIe siècle, aux sols couverts d'intéressantes mosaïques.

◆ Monastère de Chrysorrogiatissa

A 40 km au nord-est de Pafos, en direction de Polis, à droite après le village de Stroumpi. Ouvert tlj. Entrée libre.

A 1 200 m d'altitude et dans un paysage magnifique, le monastère dédié à

A chaque printemps, Polis se couvre de fleurs.

« Notre-Dame du Grenadier d'Or » a été fondé en 1152 mais **reconstruit** en 1770. Il faut admirer les fresques de la fin du XVIIIe siècle qui décorent l'abside. Ses icônes ne laissent pas indifférent, ni ses objets religieux en argent et en cuivre gravés, en 1801, par le peintre d'icônes d'origine crétoise, Jean Cornaro. Les moines, très religieux, n'oublient pas cependant Dionysos car ils conservent précieusement un vieux pressoir qui, remis à neuf, sert à nouveau à faire du vin.

> Polis, le musée local

A 37 km au nord de Pafos. Ouvert les lundi, mardi, mercredi et vendredi de 8 h à 14 h. Jeudi de 8 h à 18h. Samedi de 9 h à 17 h. Entrée payante.

Une des dernières régions protégées de Chypre. Un climat doux, de longues plages, une atmosphère et, à Polis même, un musée local qui abrite une collection intéressante d'antiquités trouvées dans la région. Bâti au bord de la mer sur l'ancien site de la cité-royaume de Marion, Polis possède deux églises qui méritent la visite. Agios Andronikos, du XVIe siècle, offre de superbes fresques, qui viennent **d'être réhabilitées** après avoir été badigeonnées à la chaux pendant l'occupation turque, qui avait transformé l'église en mosquée. A côté, Agia Kyriaki qui date elle, du XVIIIe siècle, présente de belles icônes.

Presqu'île d'Akamas

Près de Polis, Latchi est l'entrée de la presqu'île d'Akamas. Une terre où les lauriers-roses, les amandiers et les fleurs du maquis abondent. L'odeur est subtile et le lieu sauvage.
A son extrémité, ses écueils désolés fendent la Méditerranée. Les bains d'Aphrodite, un haut lieu de l'Akamas, gardent le souvenir de la déesse se baignant, nue, dans l'eau claire d'une grotte ombragée par un figuier pour y garder une éternelle jeunesse. On y accède facilement en suivant le chemin en direction du cap Arnaoutis. Après, ce ne sont plus que des sentiers qui se perdent dans la presqu'île. L'office du tourisme de Chypre, en coopération avec le Service des forêts, a publié une brochure sur les sentiers de randonnée de l'Akamas avec tous les détails concernant la flore et la faune de cette presqu'île, dont certains secteurs sont pratiquement à l'état sauvage.

Mer turquoise : la presqu'île d'Akamas, un lieu pour planter sa tente.

Suivez le guide !

Dans la presqu'île d'Akamas, après les bains d'Aphrodite et en suivant un chemin escarpé et difficile, les plus courageux atteindront la Fontana Armorasa, la « fontaine d'Amour ». Goûter l'eau de cette source rend, selon la tradition, amoureux.

Les sentiers du Troodos

Le long des sentiers se trouvent des pancartes numérotées, indiquant certains éléments de l'environnement, choisis pour leur intérêt. Si vous rencontrez au début de votre promenade quelque chose d'intéressant qui n'est pas signalé, il n'est pas exclu que vous le trouviez indiqué un peu plus loin sur votre route. Au cours de sa randonnée, il est recommandé de ne pas jeter des détritus et d'éviter de cueillir des fleurs ou autres plantes. Renseignements au Service des forêts pour le Troodos à Platania, tél. : 02-922454 ou au Département des forêts, avenue Loukis Akritas, Lefkosia, tél. : 02-450168. Les bureaux des offices de tourisme de Chypre, situés notamment à Lefkosia, Lemesos et Platres (l'été) donnent également toutes les indications concernant les activités dans le Troodos.

◆ Sentier Artémis, autour du mont Olympe.

Départ à 300 m de la jonction de la route de Chionistra avec la route Troodos-Prodromos à 1 850 m d'altitude. D'une distance de 7 km, pour une durée de 2 h 30.

Une belle forêt de pins nigra, une flore et des roches rares. On passe près des ruines des fortifications élevées pendant la dernière année de l'occupation vénitienne de Chypre (1571) par des généraux vénitiens pour lutter contre les Ottomans. Le sentier s'arrête quand on croise celui d'Atalante.

◆ Sentier d'Atalante, de Troodos aux mines de chrome, sur la route de Prodromos.

Départ sur la place de Troodos. D'une distance de 12 km, pour une durée de 5 h.

Le sentier mène autour de Chionistra à une altitude de 1 700-1 750 m et traverse d'épais bosquets de pins nigra et de genévriers. On pourra voir l'un des plus grands genévriers de la région, vieux de 800 ans. La vue sur l'île est imprenable. L'entrée d'une ancienne mine de chrome, inexploitée depuis 1982, présente un intérêt particulier. A 3 km de la place de Troodos coule une source d'eau fraîche et potable.

◆ Sentier de Kaledonia, de Kryos Potamos à la cascade de Kaledonia.

A environ 700 m de la route entre Troodos et Platres, près de la résidence d'été du président de la République. Egalement accessible par une route forestière qui débute sur la route touristique à 2 km de la place de Troodos. D'une distance de 3 km, pour une durée de 1 h 30.

Le sentier suit le cours de la rivière Kryos Potamos, qui n'est jamais asséchée. On passera à la cascade Kaledonia pour terminer à Psilo Dendro (Platres). En chemin, on remarque notamment le marronnier d'Inde dont les marrons au goût amer ne sont pas comestibles. On les ramasse cependant pour les faire bouillir et les donner en pâtée aux animaux. On trouve aussi le ciste de Crète, dont on extrayait autrefois de ses feuilles le laudanum, utilisé comme produit pharmaceutique et aromatique. Chypre a exporté du laudanum jusqu'au XVIIIe siècle. Le sumac est utilisé pour le tannage des cuirs. On en cueille encore les feuilles pour cet usage, principalement dans les villages de la région.

◆ Sentier de Perséphone, à travers le Troodos.

A 150 m au sud de la place de Troodos. Les randonneurs pourront soit retourner à pied au point de départ, soit organiser un transfert en voiture depuis l'endroit où le sentier croise la route forestière. D'une distance de 3 km pour une durée de 1 h.

Une végétation très riche et une vue à couper le souffle sur les villages de la région, la ville et le port de Lemesos, ainsi que sur les vignobles.

Avec leurs différents niveaux de difficultés, les sentiers du Troodos sont accessibles à tous.

Carnet d'adresses

Lefkosia

Indicatif téléphonique : 22.

➤ Hôtels

- Cyprus Hilton,
Avenue de l'Archevêque-Makarios.
Il offre 298 chambres climatisées et toutes les prestations que l'on peut attendre d'un hôtel de sa catégorie : piscine, tennis, aire de squash, sauna, salle de gymnastique et orchestre.

- Hôtel Holiday Inn,
70, Regaena.
En plein centre-ville, cet hôtel de standing a été rénové avec goût, et offre 140 chambres de grande qualité.

- Hilton Park,
Grivas Digenis Avenue.
Luxe et confort assuré pour cet hôtel un peu excentré, qui est le rendez-vous des hommes d'affaires.

- Classic,
94, Regaena.
Ce petit hôtel de charme offre 57 chambres entièrement rénovées.

- Cléopatra,
8, rue Florina.
89 chambres d'un bon standing pour cet hôtel de charme surtout intéressant pour sa situation géographique tout près de la vieille ville. Piscine, salle de gymnastique et orchestre.

- Denis,
19, rue Diagoras.
Pour se sentir presque chez l'habitant, cet agréable *bed and breakfast* propose 27 chambres très confortables.

➤ Restaurants

- Irinia,
64, avenue de l'Archevêque-Kyprianos-Strovolos, tél. : 22-422860.

D'excellents *mezzes*, du très bon vin et une atmosphère détendue.

- Plaka,
6-8, square Makarios,
tél. : 22-352898.
Le poisson sous toutes ses formes ! Un incontournable pour ceux qui aiment les produits de la mer, le vin blanc et la musique.

- Date Club,
2, rue Agathou, tél. : 22-376737.
Cuisine grecque et internationale. Pour voir et se faire voir, un rendez-vous de l'*establishment* chypriote.

- Emastro,
76, rue Leoforos Lemesou,
tél. : 22-813333.
Pour goûter à la cuisine traditionnelle chypriote avec musique, jusque tard le soir.

➤ Sortir

C'est dans le quartier de Laïka Yitunia, très touristique, à deux pas de l'hôtel de ville, que l'on trouve le plus grand nombre de tavernes, en particulier dans la rue principale.

- Zoo,
15, rue Stasinou, tél. : 22-758262.
Avec son restaurant-bar-discothèque, le zoo est l'endroit branché de Lefkosia pour passer une agréable soirée.

- Pralina,
31, rue Stasikratou, tél. : 22-660491.
Ce café, très « tendance », est situé au

cœur du centre des magasins de luxe à Lefkosia. En plus de son beau cadre, il a l'avantage de proposer une excellente cuisine.

- Le Café,
16, avenue Arch.-Makariou III, tél. : 22-755151.
Un grand classique toujours très fréquenté, quelle que soit l'heure.

- Sfinakia,
2, rue Santa-Rosa, tél. : 22-766661.
Un bar disco pour passer un agréable moment après une visite de Lefkosia.

➤ Shopping

Dans la rue Ledra, artère principale de Lefkosia, à l'entrée de la vieille ville, on trouve de nombreuses boutiques de vêtements et de chaussures. Pour tous les goûts et pour toutes les bourses.

➤ Adresses utiles

- Bureau d'information touristique,
11, rue Aristokyprou, tél. : 22-674264. Ouvert tlj de 8 h 30 à 14 h 30, 13 h 30 le mercredi et le samedi. De 15 h à 17 h 15, sauf mercredi et samedi. En juillet et août ouvert tlj de 8 h 30 à 14 h 15, 13 h 15 le samedi, de 16 h 30 à 18 h 30 sauf samedi.
Ce bureau donne cartes, brochures et renseignements concernant toute l'île. On y parle anglais, français et allemand.

Larnaka

Indicatif téléphonique : 24.

➤ Hôtels

- Golden Bay,
Route Dekeleia.
Ce superbe hôtel agréablement situé en bord de mer offre des pres-

tations de qualité et un accueil irréprochable. Piscine, tennis, squash, sauna, salle de gymnastique, sports nautiques, coiffeur.

- Palm Beach,
Dekeleia.
Du grand luxe ! Ici, on peut trouver tout ce dont on peut rêver pour des vacances réussies. Des prestations haut de gamme.

- Beau Rivage Beach,
En bord de mer.
188 chambres, au bord de la mer, hôtel de bon niveau avec piscine, tennis et salle de gymnastique. Jardin agréable où l'on peut prendre d'excellents petits déjeuners avant de se rendre en ville.

- Four Lanterns,
19-24, avenue d'Athènes.
Il faut se laisser séduire par le charme un peu nostalgique de ce sympathique et très confortable petit hôtel. Idéalement situé en bord de plage.

➤ Restaurants

- Minitzis,
42, Piale Pasha tél. : 24-655867.
Un must de la cuisine chypriote ! Très connu à Larnaka, cet établissement propose une excellente cuisine traditionnelle.

- Mavri Khelona,
Près de l'église Saint-Lazare, tél. : 24-627872.
C'est l'endroit idéal pour déguster de bons *mezzes* en écoutant de la musique traditionnelle.

- Zefyros,
Près du vieux port, tél. : 24-657198.
Très connu, c'est le spécialiste de *mezzes* de poisson. Mariné, grillé, il satisfait toutes les papilles, même les plus exigeantes.

➤ Sortir

- Prine,
Tout à côté de la marina.
Ce night-club est très couru, non seulement pour sa musique, mais aussi pour son décor.
Il existe également, le long du front de mer, un disco-bar, le *Bakers*, et un café, le *Viale*, que fréquentent tous les estivants. Tout chauffeur de taxi y va les yeux fermés.

➤ Shopping

Tout les commerces sont concentrés le long du front de mer et dans les rues environnantes, notamment dans la rue Zino.

➤ Adresses utiles

- Bureau d'informations touristiques de l'aéroport,
Ouvert tlj de 8 h 15 à 23 h sans interruption.

Agia Napa

➤ Hôtels

- Aeneas,
Nissi Avenue.
Un hôtel grand luxe pour cette station balnéaire très animée !

- Nissi Beach,
Nissi Avenue.
Un hôtel très agréable, idéalement situé près de la plage.

Lemesos

Indicatif téléphonique : 25.

➤ Hôtels

- Amathus Beach,
A 9 km à l'est de Lemesos en direction de Lefkosia.
Cet hôtel de grand luxe est situé au bord de la plage, mais aussi à proximité du site archéologique de l'ancienne cité-royaume d'Amathonte.

- Four seasons,
A 9 km à l'est de Lemesos.
Des prestations de grande qualité et un service impeccable pour cet hôtel luxe qui possède son propre centre de thalasso.

- Meridien,
12 km à l'est de Lemesos.
Entièrement rénové, cet établissement haut de gamme offre tout le confort nécessaire pour des vacances de rêve : centre de thalasso, spa...

- Elvis Beach,
11 km à l'est de Lemesos.
Très confortable et d'un bon rapport qualité/prix, il offre toutes les prestations que l'on peut attendre d'un hôtel de sa catégorie.

- Alasia,
6, Haydari.
Situé dans un quartier résidentiel du centre-ville, cet hôtel très confortable vous promet un accueil chaleureux... et francophone !

➤ Restaurants

- Vasilikos,
252, rue Agios Andreas,
tél. : 25-375972.
Un rendez-vous bien connu pour tous ceux qui apprécient les *mezzes*. Ambiance garantie le soir.

- Stamna,
96, rue Agia Paraskevi,
tél. : 25-326848.
Un spécialiste des *mezzes* à la viande. Avec son atmosphère d'autrefois, c'est l'endroit idéal pour passer une agréable soirée entre amis.

- **Trata,**
4, rue Iakovous Tombazi,
tél. : 25-586600.
Un spécialiste des repas de poissons. Ambiance bon enfant.

- **Tsolias,**
2, avenue Makarios III,
tél. : 25-337521.
Très connu, il ouvre toute la nuit. Idéal pour déguster à toute heure des grillades au son de la musique traditionnelle et des chanteurs.

➤ Sortir

- **Graffitti,**
236, rue Saint-Andreou,
tél. : 25-747552.
Un des bars des plus branchés de Lemesos. Ambiance garantie !

- **Cohi bar,**
Avenue Amadhus, tél. : 25-318153.
Ouvert du printemps à l'automne, il est idéalement situé sur la plage. Bar, discothèque, il offre une ambiance bon enfant.

- **Rogmes,**
197, rue Saint-Andreou,
tél. : 25-341010.
Un endroit incontournable pour écouter de la musique grecque avec bouzouki et chanteurs.

➤ Shopping

Les rues Saint-Andreou et Ananexartisias offrent une multitude de boutiques de souvenirs, de bijoux et de vêtements.

➤ Adresses utiles

- **Bureau d'informations touristiques,**
115 Spyrou Araouzou,
tél. : 25-362756.

Pafos

Indicatif téléphonique : 26.

➤ Hôtels

- **Annabelle,**
Avenue Poséidon.
Du grand standing ! Riche de 198 chambres, avec vue sur la mer pour beaucoup d'entres elles, il offre toutes les commodités d'un hôtel de sa catégorie : piscine, squash, salle de gymnastique, orchestre et coiffeur.

- **Cypria Maris,**
Avenue Poséidon.
Alliant luxe et grand confort, cet hôtel, un des plus en vogue dans l'île, est agréablement situé en bord de mer. 237 chambres, piscine, salles de réunion, orchestre, sports nautiques, coiffeur.

- **Apollo,**
Rue Agios Lambrianos.
Très confortable, cet hôtel modeste et agréable est bien situé non loin du centre. Salles de réunion et jardin.

Restaurants

- Spondas,
Rue Agios Anastasios,
tél. : 26-934131.
Pour les amateurs de poisson, voilà une excellente adresse où ils pourront déguster notamment de très bons rougets.

- Demokritos,
1, rue Dionisou, tél. : 26-233371,
près du port.
Avant une promenade le long de la belle jetée de Pafos.

- Moustakallis,
10, rue du 9-Juillet, à Polis,
tél. : 26-322883.
Cuisine traditionnelle chypriote avec *souvlakia* et *seftalia.*

Sortir

- Iniochos,
3, rue Chlorakas, tél. : 26-273333.
Pour prendre un verre en écoutant du bouzouki.

Golf

Renseignements « Cyprus Golf Resorts » P.O. Box 62085. 862 Pafos, tél. : 26-642774 (5).
On peut pratiquer le golf à Chypre, notamment près de Pafos et de Lemesos.

Adresses utiles

- Bureau d'informations touristiques de l'aéroport,
Ouvert tlj de 8 h 15 à 23 h sans interruption.

Troodos

Indicatif téléphonique : 25.

Hôtels

- The Churchill Pinewood Valley,
Dans le village de Pedoulas.
P.O. Box 51626 Lemesos CY 3507.
49 chambres, jardin, restaurant, piscine, salles de gymnastique et de conférences. Cet hôtel est le plus connu de la haute montagne.

- Troodos,
Dans le village de Troodos.
48 chambres, jardin et restaurant. Hôtel de bon confort.

Restaurants

- Kaledonia,
31, rue Olymperi. Platres.
Un des bons *mezzes* du Troodos, que l'on appréciera particulièrement après avoir randonné vers la cascade.

- Psilo Dentro,
13, rue Ardoniou. Platres.
Les truites, dans cette taverne, sont un régal.

Adresses utiles

- Bureau d'informations touristiques,
Platres, tél. : 25-421316.
Ouvert seulement l'été,
tlj de 9 h à 14 h 30.
Il est très bien documenté sur les sentiers de randonnées.

En savoir plus

En savoir plus

Bien parler, bien lire et bien manger, ces clés classiques du voyageur trouvent ici leur traduction. De quoi bien vivre à Chypre.

Tableau des distances kilométriques (en km)

	Lefkosia	Lemesos	Pafos	Larnaka	Troodos	Agia Napa	Polis
Lemesos	80	-					
Pafos	152	72	-				
Larnaka	47	70	142	-			
Troodos	80	51	123	121	-		
Agia Napa	81	107	184	41	163	-	
Polis	188	108	37	177	160	220	-
Paralimni	85	111	178	44	158	5	219

Lexique

Remarques sur la prononciation

Th se prononce comme le « that » anglais.
Kh se prononce comme un k.
Ch se prononce comme en français.

Formules de politesse

Bonjour (le matin) : *kaliméra.*
Salut (pluriel ou poli) : *ya sas.*
Salut (singulier, familier) : *ya su.*
Merci : *ephkharisto.*
Bonjour (l'après-midi) : *khérete.*
Excusez-moi : *signomi.*
Bonsoir : *kalispéra.*
Au revoir : *addio.*
Bonne nuit : *kalinichta.*
S'il vous plaît : *parakalo.*

Formules courantes

Oui : *ne.*
Comment : *pos.*
Parlez-vous… ? : *essis milate… ?*
Non : *ochi.*
Où est le… ? : *pu ine… ?*
Les toilettes : *i tualétta.*
Anglais : *anglika.*
Droite : *theksia.*

Je ne comprends pas : *then katalaveno.*
Gauche : *aristera.*
Je suis malade : *ime arrostos.*
Cher : *akrivo.*
Combien (indénombrable) : *poso.*
Combien (dénombrable) : *posa.*
Heure : *ora.*
A quelle heure ? : *ti ora ?*
Ouvert : *aniktos.*
Un demi : *miso.*
Où ? : *pu ?*
Quand ? : *pote ?*
Bon appétit : *kali orexi*
A notre santé : *ya mas.*
Excusez-moi : *signomi.*

Vocabulaire de la vie quotidienne

Banque : *i trapeza.*
Enveloppe : *to fakelo.*
Lettre : *to ghramma.*
Argent : *ta lefta.*
Police : *i astinomia.*
Bureau de poste : *to tachidhromio.*
Carte postale : *i karta.*
Timbre : *to ghrammatosimo.*
Téléphone : *to tilefono.*

Vocabulaire de base

D'accord : *endaxi.*
Fermé : *klistos.*
Entrez : *oriste.*
Je suis perdu : *khatika.*

Vocabulaire nourriture

Aubergine : *i melitzana.*
Fromage de brebis : *i féta.*
Fromage : *to tiri.*
Olive : *i eliès.*
Pain : *to psoli.*
Poisson : *to psari.*
Pomme : *to milo.*
Raisin : *ta stafilia.*
Salade : *i salata.*
Sel : *to alati.*
Viande : *to kreas.*

Vocabulaire automobile

Assurance : *i asfalia.*
Essence : *i venzini.*
Huile : *to ladhi.*
Pneumatique : *to lasticho.*
Pouvez-vous réparer s'il vous plaît ? : *sas barakolo na dhiorthosete afto ?*
Je voudrais louer une voiture, une moto, une bicyclette : *thélo na nikiaso ena aftokinito, mia motosiklotta, ena podhilato.*

Jours de la semaine

Lundi : *ephtéra.*
Mardi : *triti.*
Mercredi : *tetarti.*
Jeudi : *pémpti.*
Vendredi : *paraskevi.*
Samedi : *savvato.*
Dimanche : *kiriaki.*

Compter

Un : *éna.*
Deux : *thio.*
Trois : *tria.*
Quatre : *téssera.*
Cinq : *pénde.*
Six : *éxi.*
Sept : *ephta.*
Huit : *okhto.*
Neuf : *ennia.*
Dix : *théka.*
Cent : *ekato.*
Mille : *chilia.*

Bibliographie

L'Eté grec et *Dictionnaire amoureux de la Grèce*, Jacques Lacarrière (Plon 2001). Un écrivain passionné par la Grèce offre à ses lecteurs le visage de la vie quotidienne pleine de soleil en terre hellène.

L'Iliade et *l'Odyssée* d'Homère. Pour se familiariser avec le destin des grands ancêtres.

L'Icône, Michel Quenot (Edition du Cerf, 1987). Petit livre très bien fait sur les peintures sur bois.

L'Eglise orthodoxe (Que sais-je, PUF, 1985). Tout savoir sur la chrétienté orientale.

L'Epopée des croisades, René Grousset (Marabout Universités, Plon, 1939). Par un spécialiste de ces chevauchées guerrières en Terre sainte.

Les Français d'outre-mer au Moyen Age, Jean Longnon (Librairie académique Perrin, 1929).

Citrons acides, Lawrence Durrell (Buchet-Chastel, 1982). L'écrivain anglais a passé plusieurs années à Chypre qu'il quitta à l'indépendance de l'île.

Poèmes, Georges Séféris (Poésie, Gallimard, 1989). Ce prix Nobel de littérature a aimé Chypre et a dédié à l'île de très beaux textes.

Kourion (Fondation culturelle de la Banque de Chypre, 1987). Un petit opuscule très bien fait sur l'histoire de la vie quotidienne de l'ancienne cité-royaume, qui est aujourd'hui le site archéologique le plus intéressant de l'île.

Recettes

➤ Viande hachée à la braise (Kefthedes sta karvouna)

Temps de préparation : 10 min
Temps de cuisson : 15 min

Pour 3 à 4 personnes

Ingrédients (pour 10 à 12 boulettes)

- 1 kg de viande de veau hachée
- 1 tasse d'oignons finement hachés
- 1 tasse de persil finement haché
- 1 tasse de mie de pain
- 1 cuillerée à soupe d'origan séché
- Sel et poivre à volonté

Préparation :

Placez tous les ingrédients sauf l'origan dans un saladier. Mélangez bien et laissez reposer 1 heure. Puis formez-en de larges boules rondes que vous pressez légèrement pour les aplatir afin qu'elles aient une épaisseur de 1,5 cm et un diamètre de 7 cm. Pendant que vous les formez, trempez vos mains dans de l'eau froide pour faciliter l'opération et afin que la surface devienne lisse. Versez de l'huile par-dessus et faites-les cuire sur le charbon de bois pendant 5 à 7 minutes.

Le gril utilisé pour la cuisson des boulettes doit être très chaud afin qu'elles ne collent pas.

Une fois cuites, placez-les sur un plat et saupoudrez-les de poudre d'origan séché.

Gâteaux de semoule (Shiamali)

Temps de préparation : 15 min
Temps de cuisson : 1 h

Ingrédients pour 10 à 12 personnes

Pour le gâteau :

- 2 tasses de semoule
- 1 tasse de sucre
- 1 tasse de yaourt
- 1 tasse d'huile de maïs
- 1 cuillerée à café de levure
- 1 cuillerée à café de poudre de vanille
- 1 tasse d'eau de rose
- 1 tasse d'amandes écrasées

Pour le sirop :

- 1 tasse de sucre
- 1 tasse d'eau
- 1 cuillerée à café de jus de citron

Préparation :

Placez la semoule dans un saladier et mélangez à l'huile. Ajoutez tous les ingrédients sauf les amandes et mélangez aussi. Placez ensuite la pâte dans un moule graissé. Saupoudrez d'amandes et enfournez à four moyen. Laissez cuire environ une heure ou jusqu'à ce que le gâteau soit bien doré. Retirez le plat du four et laissez refroidir. Pendant ce temps, faites bouillir à feu doux l'eau, le sucre et le jus de citron pendant 10 minutes. Pendant que le gâteau est encore chaud, coupez-le en petits triangles ou rectangles et arrosez-le de sirop.

Porc mariné au vin (Afelia)

Temps de préparation : 10 min
Temps de cuisson : 1 h

Ingrédients pour 6/8 personnes

- 1,5 kilo de grillades de porc
- 2 cuillérées à soupe de graines de coriandre écrasées
- 1 tasse de vin rouge sec
- 1 tasse d'huile de maïs
- Sel et poivre
- Eau chaude à volonté

Préparation :

Coupez les grillades en petits morceaux. Mettez-les dans un saladier et ajoutez le vin et la coriandre que vous laissez mariner 5-6 heures. Puis égouttez la viande. Mettez de l'huile dans une cocotte et faites dorer la viande. Ajoutez le vin et la coriandre et portez à ébullition. Ajoutez de l'eau pour recouvrir la viande. Ajoutez le sel et le poivre, couvrez et faites cuire à feu moyen pendant 1 heure. Servez l'*afelia* chaud accompagné d'une pilad sur laquelle vous versez la sauce de l'*afelia*. Vous pouvez aussi le servir avec des légumes à l'eau ou même de la purée de pommes de terre.

CHYPRE
0 à 500 mètres
500 à 1000 mètres
1000 à 2000 mètres
2000 à 3000 mètres
Sites archéologiques
Frontière avec la partie occupée de l'île
0 10 20 30 km
MER MEDITERRANEE
Cap Andreas
Cap Plakoti
Rizokarpaso
Lynthangomi
Cap Kormakiti
Baie de Morphou
Kormakiti
Mt Pentadaktilos
Trikomo
Baie d'Ammochostos
Pyrgos
Pomos
LEFKOSIA
Ammochostos
Nikitari
Deftera
Latsia
Akamas
Galata
Deryneia
Stavros
Dali
Polis
Pedoulas
Kakopetria
Pyrga
Paralimni
Mt Tripifos
Milikouri
Platanitassa
Agros
Agia Napa
Mt Olympe
Massif du Troodos
Pelendri
Larnaka
Panagia
Omodos
Platres
Lefkara
Kition
Lac salé
Lempa
Kophinou
Baie de Larnaka
Vouni
Alaminos
Pafos
Geroskypou
Louvaras
Petra tou Romiou
Lemesos
Amathonte
Kourion
Kolossi
Lac salé
Cap Gata
A B C D E F G H I
1 2 3 4 5

Index

(A1) Localisation sur la carte de l'île